dtv

dtv zweisprachig · Edition Langewiesche-Brandt

Giovanni Papini, 1881–1956, Florentiner, Sohn eines Tischlers, Autodidakt, Herausgeber literarischer Zeitschriften, darunter des führenden avantgardistischen «Leonardo», 1919 zum Katholizismus bekehrt, Anhänger Mussolinis, 1935 Professor in Bologna, 1937 Direktor des Centro Nazionale di Studi sul Rinascimento, in einer für seine Generation provozierenden Weise mit religiösen Themen befasst, Autor der Bücher «Il diavolo», «Storia di Cristo», «Un uomo finito» (Autobiographie) ist ein bedeutender Universalhistoriker und großer Unruhegeist: «Das Weltall, wie es war, billigte ich nicht und wollte ich nicht akzeptieren.»

«Seine literarisch-kritischen Versuche sind geistvoll, doch stark subjektiv», heißt es im Wilpert. Das kann man wohl sagen! Papinis unvollendet gebliebenes, erst von den Nachlass-Herausgebern einigermaßen gebändigtes Riesen-Werk «Giudizio Universale» ist weder vernünftig proportioniert noch historisch verlässlich noch ideologisch aus einem Guss. Aber es ist eine hochinteressante – in dieser Auswahl auf Italien beschränkte – Porträt-Galerie, und es ist voll von psychologischen und moralischen Ideen. Manchmal – besonders in Stücken, die von historisch unbekannten Menschen handeln – geht es einem auch ganz normal poetisch zu Herzen.

Giovanni Papini

Davanti al Tribunale di Dio

Italiener vor dem Jüngsten Gericht

Auswahl und Übersetzung
von Ina-Maria Martens und Emma Viale-Stein

Deutscher Taschenbuch Verlag

Neuübersetzung
1. Auflage Juni 1999

Umschlagkonzept: Balk & Brumshagen
Umschlagbild von Pontormo (1494–1557):
Idealbild des Cosimo il Vecchio (1434–1464) (Ausschnitt)
Satz: Greiner & Reichel, Köln
Gesamtherstellung: Kösel, Kempten
Gedruckt auf säurefreiem, chlorfrei gebleichtem Papier
ISBN 3-423-09381-1. Printed in Germany

Cencio di Stefano

Tanto enormi e nefandi furono i peccati miei ch'io non aspetto da Dio misericordia, a meno ch'Egli accetti la confessione come bastante pena. E a me, uomo di forza e d'orgoglio pronto allo sdegno e all'arme, è penitenza indicibile riconoscermi colpevole e di quali colpe!

E tu non udresti sortir parola dalla mia bocca, avvezza soltanto a comandare e imprecare, s'io non avessi qualche speranza che una di quelle colpe, quella da tutti giudicata la più inespiabile, possa invece valermi da scudo contro la divina vendetta.

Mi dissero mostro, servo del demonio, nemico di Dio e degli uomini. E riconosco ch'io fui omicida e predone, adultero e stupratore e che usai contro gli avversari ogni mezzo, non soltanto la spada e il veleno ma anche ogni forma d'insidia e di ricatto.

Ma non tutto fu delitto nella mia vita; o almeno non tutto quel che parve delitto era senza colpa d'altri e senza provocazione. Io non ero nato per salmodiare in un coro di monaci né per ridurre a giunco il mio dorso nelle anticamere della Curia. Ero un romano, un romano di schiatta nobile e fiera, che serbava nell'indole e nel costume qualche tratto della virile ferocia dei romani di Romolo e del primo Bruto. Ero nato per governare e per combattere ma invece d'esser nato tra

Cencio di Stefano stand im Konflikt zwischen Kaiser Heinrich IV. und Papst Gregor VII. auf der Seite des Kaisers. Die Entführung Gregors war 1075. Cencio starb 1077 in Pavia.

Meine Sünden waren so ungeheuerlich und schändlich, dass ich von Gott kein Erbarmen erwarte, es sei denn, er nimmt die Beichte als hinreichende Bestrafung an. Für mich, einen gewalttätigen und stolzen Menschen, der ich zu Verachtung neigte und schnell zu den Waffen griff, ist es eine unsagbare Buße, mich schuldig zu bekennen – noch dazu für was für eine Schuld!

Aus meinem Munde, der nur zu befehlen oder zu fluchen pflegt, würdest du kein Wort hören, wenn ich nicht ein wenig Hoffnung hätte, dass eine dieser Sünden, und zwar diejenige, die von allen als die am schwersten zu sühnende betrachtet wurde, mir stattdessen als Schutzschild gegen die göttliche Rache dienen könnte.

Man nannte mich ein Ungeheuer, einen Diener des Teufels, einen Feind Gottes und der Menschen. Ich gestehe, dass ich ein Mörder und Räuber war, ein Ehebrecher und Frauenschänder, und dass ich im Kampf gegen meine Widersacher jedes Mittel nutzte, nicht nur Schwert und Gift, sondern auch jede Form von Hinterlist und Erpressung.

Aber nicht alles in meinem Leben war Verbrechen; zumindest geschah nicht alles, was wie ein Verbrechen aussah, ohne die Schuld und Provokation anderer. Ich war nicht dazu geboren, im Chor der Mönche Psalmen zu singen, oder in den Vorzimmern der Kurie wie ein Schilfrohr im Wind zu buckeln. Ich war ein Römer, ein Römer aus edlem und stolzem Geschlecht, der in seinem Wesen und seinen Gewohnheiten Züge der männlichen Grausamkeit der Römer zur Zeit des Romulus und des frühen Brutus bewahrt hatte. Ich war zum Herrschen und Kämpfen geboren, doch anstatt während des Aufruhrs und der Kriege

i tumulti e le guerre dell'antica repubblica mi ritrovai a vivere in una Roma immiserita e immemore, dominata da preti simoniaci e da preti ambiziosi, gli uni e gli altri cupidi e imbelli.

Mio padre fu prefetto di Roma e tentò di salvare qualche reliquia dell'antico onore e potere del popolo romano. Quando venne a morte mi designò a succedergli ma i preti che allora spadroneggiavano nella sede dei Cesari, quasi mosconi usciti dal ventre sfatto d'un'aquila morta non vollero. Il veto fu pronunciato dal monaco Ildebrando, poi Papa, perché avevo protetto con tutte le mie forze il suo emulo e nemico Cadalo.

Per vendicarmi di tale ingiustizia rizzai una torre al ponte che portava a San Pietro e imposi a tutti un pedaggio. Allora fui preso, sottoposto a torture e condannato a morte. Ma non osarono eseguir la condanna e la stessa Contessa Matilde, che tutto poteva sull'animo di Gregorio, s'interpose perché il Papa mi facesse grazia. Ma questa sua debolezza non scemò nel mio animo la bramosia di vendicarmi. Quando Ildebrando si pose in rotta col re di Germania giudicai venuta la grande ora della mia vita. La notte di Natale irruppi all'improvviso, seguito da gente armata, nella basilica dove Gregorio celebrava la messa, lo presi per i capelli, lo trascinai giù dall'altare per tutta la chiesa, in mezzo ai devoti esterrefatti, e così pesto e insanguinato com'era lo gettai come un sacco fradicio sulla groppa del mio cavallo e corsi verso una porta della città per condurlo a un mio castello nella campagna. Il Papa, fosse astuzia o paura, taceva. Era piccolo di persona e magro e sparuto:

in der alten Republik geboren zu werden, fand ich mich in einem verkümmerten und seine Vergangenheit vergessenden Rom wieder, in einer von Ämterhandel treibenden und von ehrgeizigen Priestern beherrschten Stadt – und die einen waren so gierig und feige wie die anderen.

Mein Vater war Präfekt von Rom und versuchte einige Heiligtümer der alten Ehre und Macht des römischen Volkes zu retten. Als er starb, bestimmte er mich zum Nachfolger, doch die Priester, die sich damals am Sitz der Kaiser als Herren aufspielten – wie Schmeißfliegen, die aus dem verwesenden Gedärm eines toten Adlers kommen – wollten das nicht zulassen. Das Veto sprach Mönch Hildebrand, der spätere Papst, weil ich mit all meinen Kräften seinen Rivalen und Feind Cadalus unterstützt hatte.

Um mich für diese Ungerechtigkeit zu rächen, errichtete ich an der Brücke, die zu St. Peter führte, einen Turm und verlangte von allen Wegegeld. Darum wurde ich festgenommen, gefoltert und zum Tode verurteilt. Doch man wagte nicht, das Urteil zu vollstrecken; sogar die Gräfin Mathilde, die bei Papst Gregor alles erreichen konnte, trat bei ihm für meine Begnadigung ein. Doch diese seine Schwachheit minderte in meiner Seele die Gier nach Rache nicht. Als Hildebrand mit dem deutschen König brach, fand ich, dass die große Stunde meines Lebens gekommen sei. In der Weihnachtsnacht drang ich plötzlich, gefolgt von Bewaffneten, in die Basilika ein, wo Gregor die Messe zelebrierte, packte ihn an den Haaren, schleifte ihn vom Altar zwischen den entsetzten Gläubigen durch die ganze Kirche, und so zerschlagen und blutverschmiert wie er war, warf ich ihn wie einen nassen Sack auf den Rücken meines Pferdes und ritt zu einem Stadttor, um ihn in eines meiner Schlösser auf dem Land zu bringen. Der Papst, ob aus List oder Angst, schwieg. Er war klein von Gestalt, mager und ausgezehrt. Er wog hinter mir nicht mehr als ein Hammel. Ich war

non pesava dietro di me più di un castrato. Ero felice di portare in groppa colui che voleva essere il padrone di tutti i re, il mio più crudel nemico.

Purtroppo le porte della citta erano state chiuse e il popolo cominciava a muoversi e a strèpere. Mi rifugiai nella mia fortezza di città e lì deposi il Papa, che fu circondato dai miei fratelli, dalle mie sorelle, dai miei consorti infuriati e tutti gittarono, a lui muto, contumelie, minacce e bestemmie. Io guardavo quel Sommo Pontefice ridotto a straccio sanguinoso e al par di lui tacevo. Era quello il momento più ebriosamente felice della mia vita: una voluttà che nessun tormento avrebbe scontato abbastanza.

Tutti, a quel tempo, tremavano dinanzi al potere inerme di quel monaco successore di Pietro.

Tutti tremavano, anche i re, perfino il re di Germania che pure l'odiava e aveva eserciti al suo comando. Ma io non tremavo e l'avevo lì, il signore del mondo, il Vicario di Cristo, l'avevo nelle mie mani, inerme e impotente, e potevo farne ciò che mi fosse piaciuto. Egli mi aveva condannato a morte e non aveva osato farmi impiccare; io avrei potuto, ora, tagliare il suo collo magro che mostrava le corde, strappargli il cuore dal petto, gettare la sua testa zeppa di superbi sogni nella fossa d'una latrina.

Egli giudicava me un mostro. Ma non era forse simile a me assai più di quel che la plebe non potesse immaginare? Anch'egli aveva sete di regno e per lunghi anni era stato creatore e padrone di papi. Poi, stanco di governare per interposta persona, aveva sparso denaro tra il popolo perché l'acclamasse vescovo di Roma dinanzi al ca-

voller Freude, auf dem Pferderücken denjenigen zu haben, der der Herr über alle Könige sein wollte, meinen grausamsten Feind.

Leider waren die Tore der Stadt geschlossen worden, und das Volk geriet langsam in Aufruhr und fing an zu toben. Ich flüchtete mich in meine Stadtburg. Dort setzte ich den Papst ab, wo er sogleich von meinen Brüdern und Schwestern, von meinen wütenden Gefährten umringt wurde, die ihm, der stumm vor uns stand, alle Schmähufe, Drohungen und Flüche entgegenschleuderten. Ich betrachtete den zu einem blutigen Bündel gewordenen Pontifex maximus und schwieg wie er. Das war der berauschendste und glücklichste Augenblick meines Lebens, es war eine Lust, die keine noch so große Qual mir hätte zunichte machen können.

Alle zitterten zu jener Zeit vor der waffenlosen Macht dieses Mönchs, des Nachfolgers Petri.

Alle zitterten, auch die Könige, sogar der deutsche König, der ihn hasste und der ganze Heere befehligte. Aber ich zitterte nicht, und ich hatte ihn vor mir, den Herrn der Welt, den Stellvertreter Christi, ich hatte ihn in der Hand, wehrlos und machtlos, und ich konnte mit ihm machen, was ich wollte. Er hatte mich zum Tode verurteilt und nicht gewagt, mich hängen zu lassen. Ich hätte ihm jetzt seinen mageren Hals mit den deutlich sichtbaren Sehnen durchschneiden, ihm das Herz aus der Brust reissen und seinen Kopf voller hochmütiger Träume in eine Latrinengrube werfen können.

Er hielt mich für ein Ungeheuer. Aber war er mir denn nicht sehr ähnlich, mehr als der Pöbel sich vorstellen konnte? Auch er dürstete nach Herrschaft und hatte viele Jahre hindurch Päpste geschaffen und beherrscht. Als er es dann leid war, durch Mittelspersonen zu herrschen, verteilte er Geld unter das Volk, damit es ihn an der Totenbahre des verstorbenen Papstes zum Erzbischof von Rom ausriefe. Und was den

taletto del papa morto. E quanto all'uso dell'armi, che rimproverava a me, ricorda quel che scrisse una volta, in una lettera a un principe: Maledetto l'uomo che impedisce alla sua spada di versare il sangue. E non permise e forse incoraggiò il terribil sacco di Roma compiuto dai suoi amici normanni e l'orrendo scempio dei Romani? E quanto ai costumi ricorderò soltanto che un sinodo di vescovi lo accusò pubblicamente di aver coabitato colla moglie d'altri, cioè con la famigerata Contessa di Toscana.

Che diritto aveva egli, dunque, di opporsi alla mia nomina e di giudicarmi una belva?

Non aveva anch'egli addosso la sua soma di peccati? E il più perverso era quello di voler mettersi al disopra di tutti, come reggitore supremo dell'universo mondo, di voler che tutti i re non fossero altro che i suoi vassalli, anzi i suoi cani da guardia, pronti ai cenni della sua sferza di cartapecora.

Egli odiava i forti e i grandi; voleva che alle sue parole piegassero i duri fatti, che il suo baculo di pastore facesse abbassare le spade dei cavalieri. Voleva che tutti gli obbedissero ma senza combattere, senza affrontare col ferro i nemici e i disobbedienti. Egli odiava in me il soldato, il combattitore senza paura, che rifiutava di prosternarsi dinanzi al suo corpiciattolo di monaco nano e pallido, dinanzi alla sua alterigia pretesca.

E ora era nelle mie mani, in poter mio. Ancora mi par di vederlo, colle guance livide e le mani inquiete ma pur sempre superbo e silenzioso come quando sedeva in cattedra, a San Pietro, nei pontificali solenni.

Era nelle mie mani eppure non l'uccisi. Ebbi

Gebrauch von Waffen anbetraf, den er mir vorhielt, erinnere dich an das, was er einmal in einem Brief an einen Fürsten schrieb: Verflucht sei der Mann, der seinem Schwert das Blutvergießen verwehrt. Hatte er nicht diesen von seinen normannischen Freunden veranstalteten schrecklichen Sacco di Roma zugelassen und dieses abscheuliche Blutbad unter den Römern vielleicht sogar unterstützt? Was seine Sitten angeht, erinnere ich nur daran, dass eine Bischofssynode ihn öffentlich anklagte, er habe mit der Frau eines anderen Mannes, das heißt mit der berüchtigten Gräfin von Toskana zusammengelebt.

Welches Recht hatte er also, sich meiner Ernennung zu widersetzen und mich als wildes Tier zu bezeichnen?

Hatte nicht auch er an seiner Sündenlast zu tragen? Das Widerwärtigste war, dass er sich als höchster Herrscher des Universums über alle stellen wollte, dass alle Könige nichts anderes als seine Knechte waren, ja wie seine Wachhunde, bereit, beim kleinsten seiner Peitschenhiebe auf Pergament sofort zu reagieren.

Er hasste die Mächtigen und die Großen; er wollte, dass die harten Tatsachen sich seinen Worten beugten, dass sein Hirtenstab die Schwerter der Ritter sinken ließ. Er wollte, dass alle ihm gehorchten, doch ohne dass er kämpfen, ohne dass er den Feinden und Ungehorsamen mit dem Eisen entgegentreten musste. Er hasste in mir den Soldaten, den furchtlosen Kämpfer, der sich weigerte, vor seinem zwerghaften, bleichen Mönchskörper, vor seiner pfäffischen Überheblichkeit sich niederzuwerfen.

Und jetzt war er in meiner Hand, in meiner Gewalt. Noch jetzt meine ich ihn vor mir zu sehen, mit seinen fahlen Wangen und unruhigen Händen, dennoch hochmütig und schweigsam, so wie er beim feierlichen Pontifikat in St. Peter auf dem päpstlichen Stuhl saß.

Er war in meiner Hand, und doch tötete ich ihn nicht. Ich

tutto il tempo di ucciderlo e non l'uccisi. E neppur io saprei dire quali furon le ragioni vere che mi trattennero dall'ucciderlo. Era la notte di Natale; nelle tenebre fitte le campane seguitavano a suonare per la natività del Salvatore, di Colui ch'era venuto a salvar tutti, anche i malvagi. E forse mi risalivan nell'anima, dal pozzo accecato della fanciullezza, i sentimenti morti dei Natali trascorsi con mia madre, il ricordo del bambino miracoloso che dalla compagnia degli angeli era sceso nella mangiatoia delle bestie. Avevo dinanzi a me, ora, il viceré terrestre di Cristo, l'Unto del Signore, l'interprete dei voleri di Dio.

E non l'uccisi.

E non so perché non l'uccisi. Forse perché, dopo la sua morte, ogni gusto della vendetta sarebbe finito? Finchè era vivo lo sentivo in poter mio chi si erigeva a sovrano dei principi, a reggitore d'ogni regno, a spauracchio dei potenti e dei violenti.

Da me dipendeva, in quell'istante, la sua vita e la sua morte. Se l'avessi ucciso subito non avrei avuto dinanzi a me che un po' di carne diaccia ravvolta in una tonaca di lana, non più lui tutto intero, con la sua anima altera e umiliata. Altri pensieri mulinavano nella mia mente: il desiderio di estorcergli, come prezzo del riscatto, il tesoro della Chiesa; la speranza di poterlo consegnar vivo a Enrico e di averne in premio l'Ufficio di capo del popolo romano.

Fatto sta che non l'uccisi. Se l'avessi ucciso avrei risparmiato al mondo la vergogna di Canossa, dove si vide l'inaudito scandalo di un re, di un soldato, di un capitano di eserciti, strascinarsi nella mota

hatte alle Zeit dieser Welt, ihn zu töten und habe ihn nicht getötet. Nicht einmal ich selber könnte sagen, was die wirklichen Gründe waren, die mich davon abhielten, ihn zu töten. Es war die Weihnachtsnacht; in der tiefen Finsternis läuteten fortwährend die Glocken wegen der Geburt des Erlösers, desjenigen, der gekommen war, um alle zu retten, auch die Schlechten. Vielleicht stieg in meiner Seele aus dem dunklen Brunnen der Kindheit das schon abgestorbene Gefühl der mit meiner Mutter verbrachten Weihnachten wieder auf, die Erinnerung an das wunderbare Kind, das aus der Schar der Engel herabgekommen war in die Futterkrippe der Tiere. Und jetzt hatte ich vor mir den Vizekönig Christi, den Gesalbten des Herrn, den Verkünder des göttlichen Willens.

Und ich tötete ihn nicht.

Ich weiß nicht, warum ich ihn nicht getötet habe. Vielleicht, weil nach seinem Tod jeder Genuss der Rache zu Ende gewesen wäre? Solange er lebte, fühlte ich denjenigen in meiner Macht, der sich als Herrscher über Fürsten erhob, als Lenker eines jeden Reiches, als Schreckgespenst der Mächtigen und Gewalttätigen.

Von mir hingen in diesem Augenblick sein Leben oder sein Tod ab. Wenn ich ihn gleich getötet hätte, wäre vor mir nur ein eiskaltes, in eine wollene Kutte gewickeltes bisschen Fleisch gewesen, nicht mehr ganz vollständig, mit seiner stolzen und gedemütigten Seele. Andere Gedanken spukten in meinem Kopf herum, wie der Wunsch, als Preis für seine Freiheit den Schatz der Kirche von ihm zu erpressen, oder die Hoffnung, ihn lebend dem König Heinrich auszuliefern und als Belohnung das oberste Amt des römischen Volkes zu erhalten.

Tatsache ist, dass ich ihn nicht tötete. Hätte ich ihn getötet, wäre der Welt die Schmach von Canossa erspart geblieben, wo man den unerhörten Skandal um einen König erlebte, eines Soldaten, eines Heerführers, der sich durch Schlamm

e nella neve per buttarsi ai piedi di quel tonsurato protervo che perfino un santo come Pier Damiani chiamò, un giorno, Santo Satana.

E io potevo ucciderlo e non lo uccisi. Voleva il regno di questo mondo, a dispetto della parola di Cristo, e non lo ammazzai. Era il mio capital nemico e non gli tolsi la vita.

Questa vittoria su me stesso, in quel momento supremo, in cui il Cristo in terra fu in balia d'un nipote di Barabba, non merita forse un po' di misericordia? I miei nemici dissero che non ebbi il tempo. Mentirono, é vero che il popolo cominciò presto a tumultuare in armi sotto il mio palazzo ma basta un minuto per uccidere un vecchio atterrito e stanco, che non si difende ne ha forza per difendersi. E non mi sarebbe mancato il tempo per nascondermi e fuggire, lasciando ai Romani il cadavere del loro idolo. Eppure rimasi a lungo in dubbio. Non seppi o non volli uccidere. Il Papa uscì vivo, appena un po' sanguinolento, dagli artigli del suo nemico.

Più tardi, quando i gregoriani armati circondarono e assaltarono la mia casa, il Papa volle apparir magnanimo agli occhi della plebe e mi salvò dalla furia dei suoi, promettendomi libertà e vita. Non era gesto sublime di perdono, come fu detto, ma semplice restituzione. Non gli avevo forse, in quelle ore che rimase indifeso a portata della mia spada, risparmiato la morte? Era stato lui, il primo, a voler la mia morte; per timore di peggio mi aveva liberato; io l'avevo preso tra le mie fauci, come un leone porta in bocca fino alla sua tana un montone, e non l'avevo divorato.

Il perdono, in lui, era dovere di seguace e rap-

und Schnee schleppte, um sich vor die Füße dieses überheblichen tonsurierten Pfaffen zu werfen, den sogar ein Heiliger wie Petrus Damiani eines Tages den Heiligen Satan nannte.

Ich hätte ihn töten können und tötete ihn nicht. Dem Wort Christi trotzend, wollte er die Herrschaft über diese Welt, und ich brachte ihn nicht um. Er war mein Todfeind, und ich nahm ihm nicht das Leben.

Verdient dieser Sieg über mich selbst, in jenem höchsten Augenblick, in dem Christus auf Erden in der Gewalt eines Enkels von Barabbas war, vielleicht nicht ein wenig Erbarmen? Meine Feinde haben gesagt, dass ich nicht die Zeit gehabt hätte. Sie haben gelogen. Es stimmt, dass das bewaffnete Volk vor meinem Palast bald in Aufruhr geriet, doch es genügt eine Minute, um einen verschreckten und müden Alten, der sich nicht wehrt und auch nicht die Kraft hat, sich zu wehren, zu töten. Es hätte mir auch nicht an Zeit gefehlt, mich zu verstecken und zu fliehen und den Römern den Leichnam ihres Abgotts zurückzulassen. Trotzdem habe ich lange gezögert. Ich konnte oder wollte nicht töten. Der Papst ging lebend, nur etwas blutend, aus den Krallen seines Feindes hervor.

Später, als die bewaffneten Gregorianer mein Haus umstellten und angriffen, wollte der Papst in den Augen des Volkes großmütig erscheinen; er rettete mich vor seinen rasenden Anhängern und versprach mir Freiheit und Leben. Es war keine erhabene Geste der Vergebung, wie es hieß, sondern ein schlichter Ausgleich. Hatte ich ihm denn nicht in den Stunden, da er schutzlos in Reichweite meines Schwertes war, den Tod erspart? Er war der erste, der meinen Tod wollte; aus Angst vor Schlimmerem hatte er mich freigelassen; ich hatte ihn mit meinem Fängen gepackt wie ein Löwe, der in seinem Maul einen Hammel bis zu seiner Höhle schleppt, und hatte ihn nicht verschlungen.

Für ihn, den Anhänger und Vertreter Christi, war das Ver-

presentante di Cristo; in me, uomo di violenza e d'impeto, fu prodigio sovrumano. Se pensi alla forza della mia tentazione e alla agevolezza di esecuzione dopo il rapimento, dovrai pur riconoscere ch'io merito qualche riguardo da parte del Signore.

Perché la mia confessione sia veramente piena e sincera devo aggiungere che un'altra volta, dopo la dolorosa infamia di Canossa, tentai d'impadronirmi di Gregorio. Enrico non seppe o non volle aiutarmi e fu tale in me l'esagitazione del furore deluso che di lì a poco schiattai all'improvviso.

E debbo pur confessare che anche in questo momento, dopo tante migliaia di anni, sento ancora una punta di rimorso per non aver saputo compiere, in quella notte di Natale, l'impresa così felicemente avviata. Ma Dio soltanto può leggere nel torbidume e lordume della mia anima e se troverà che un minimo moto di pietà abbia fermato in quelle ore il mio braccio, non vorrà dimenticare ch'io gli resi la vita del suo servo, ch'io risparmiai il sangue di colui che aveva desiderato di veder colare il mio.

zeihen Pflicht; für mich, den Mann der Gewalt und des Jähzorns, war es eine übermenschliche Wundertat. Wenn du an die Stärke meiner Versuchung denkst, und daran, wie leicht die Tat nach der Entführung gewesen wäre, wirst du doch wohl anerkennen müssen, dass ich einige Rücksicht des Herrn verdiene.

Damit meine Beichte wirklich vollständig und aufrichtig ist, muss ich hinzufügen, dass ich nach der schmerzlichen Schmach von Canossa ein weiteres Mal versuchte, mich Gregors zu bemächtigen. Heinrich konnte oder wollte mir nicht helfen, und ich war vor enttäuschter Wut derart erregt, dass ich kurze Zeit danach plötzlich zerbarst.

Doch ich muss auch gestehen, dass ich selbst in diesem Augenblick, nach so vielen Tausenden von Jahren, noch immer einen Stich des Bedauerns verspüre, dass ich in jener Weihnachtsnacht es nicht vermocht hatte, die Sache, die sich so glücklich angelassen hatte, zu vollenden. Aber nur Gott kann im trüben Schmutz meiner Seele lesen, und wenn er meint, dass eine noch so geringe Regung von Mitleid in jenen Stunden meinen Arm festgehalten hat, dann wird er nicht vergessen wollen, dass ich ihm das Leben seines Dieners zurückgab; dass ich das Blut desjenigen schonte, dessen Wunsch es war, das meine fließen zu sehen.

Pietro di Bernardone

Non v'è bisogno che tu ripeta l'accusa che da secoli e secoli accompagna il mio nome, nome onorato, fatto celebre a colpi di vergogna. Fui il padre tirchio e bestiale che non voleva santo il suo figliolo. Ero il mezzano del diavolo, il trafficante cotennoso che aveva una borsa al posto del cuore e due ducati sugli occhi ad accecarlo. Questa l'accusa, questa la calunnia.

Io, mercante onorato in ogni fiera e città d'Italia e di Francia, io che tutto il mio amore e la mia speranza avevo posto sul capo del mio Francesco, io sono anche dopo la morte la vittima del mio figliolo.

Se qui regna giustizia per tutti, anche per i padri infelici, anche per i santi, voglio essere ascoltato anch'io, Pietro di Pernardone, il persecutore della santità.

In errori caddi, non in colpe. E furono errori di affetto, non di malizia e pravità. E il primo fu di prender moglie forestiera, d'altro sangue e d'altra terra, la quale mi dette un figliolo solo a me estraneo, a tutti strano, vero frutto della straniera.

E l'altro errore fu quello di voler bene fuor di misura a quel figliolo e di aver contentato senza risparmio le sue voglie e le sue manie.

Il mondo ha venerato come santo, per migliaia d'anni, il figlio del mio amore ma io non ebbi a che fare, fin che l'ebbi vicino, con un santo sì bene con un giovane svagato e godente, balzano e spendereccio.

Pietro di Bernardone war der Vater des heiligen Franziskus. Franziskus ist geboren 1181 oder 1182 und gestorben 1226.

Du brauchst die Anklage nicht zu wiederholen, die meinen Namen seit Jahrhunderten begleitet hat, einen ehrbahren Namen, der durch schändliche Vorwürfe berühmt gemacht wurde. Ich war der geizige und brutale Vater, der nicht wollte, dass sein Sohn Heiliger würde. Ich war der Handlanger des Teufels, der abgebrühte Schacherer, der statt des Herzens einen Geldbeutel und auf den Augen zwei blind machende Dukaten hatte. So ist die Anklage, so ist die Verleumdung.

Ich, ein auf jeder Messe und in jeder Stadt Italiens und Frankreichs angesehener Kaufmann, der ich meine ganze Liebe und Hoffnung in meinen Francesco gesetzt hatte, bin auch nach meinem Tod das Opfer meines Sohnes.

Wenn hier Gerechtigkeit für alle herrscht, auch für unglückliche Väter, auch für Heilige, dann will auch ich, Pietro di Bernardone, der ich die Heiligkeit verfolgt habe, gehört werden.

Ich habe Fehler, aber ich habe mich nicht schuldig gemacht. Die Fehler geschahen aus Liebe, nicht aus Arglist und Bosheit. Der erste war, dass ich eine Fremde zur Frau genommen habe, eine Frau aus anderem Blut, aus einem anderen Land, die mir einen Sohn schenkte, der mir fremd war und allen anderen sonderbar schien, eine echte Frucht der Fremden.

Der andere Fehler war, dass ich diesen Sohn über alle Maßen geliebt und seine Neigungen und Gelüste restlos befriedigt habe.

Die Welt hat den Sohn meiner Liebe jahrtausendelang als Heiligen verehrt, ich aber hatte es, solange er in meiner Nähe lebte, nicht mit einem Heiligen zu tun, sondern mit einem jungen gedankenlosen, genußsüchtigen, flatterhaften und verschwenderischen Jüngling.

Ebbi fama di spilorcio eppure tutti sanno che il mio Francesco fu, per anni molti, il giovane principe della gioventù di Assisi e nulla gli feci mancare. Questo mio figliolo sposò la povertà dopo aver fatto l'anfitrione e il mecenate e il cavaliere e il signore a spese delle ricchezze paterne.

Gli piacevano i vestiti ornati e belli e coi ducati miei li comprava. Gli piaceva sfoggiare cavalli di razza, armi di pregio e coi ducati miei se li procacciava. Gli piaceva invitare gli amici, o meglio i suoi parassiti, a cena e a festini e con i miei ducati convitava splendidamente al par d'un re. E bada ch'egli quasi nulla guadagnò colle sue fatiche: nella bottega poco stava e di malavoglia: bastava che sentisse accordo di ribeca o d'arpa o che un amico lo chiamasse e lo vedevi fuggir fuori come un cane al fischio né lo rivedevi tutta sera e tutta notte.

Io che lavorai e donai senza farmi pregare ho fama eterna di avaro; quel mio figliolo, che fece il grande coi miei sudori e scialacquò pazzamente denari miei finché visse in casa mia, fu da tutti stimato il cavaliere della povertà e della carità.

Ed è vero che a un certo momento gli venne, tra l'altro, anche la mania di far grandi elemosine ai poveri ma sempre, bada, coi denari da me faticosamente e pericolosamente lucrati oltremonti. Non ho mai pensato che soccorrere i poveri sia vizio ma vorrei pur sapere come farebbero i santi a fare la carità se non ci fosse gente che lavora, vende e risparmia. Al mio figliolo, a quel che pare, venne la vocazione di fare il mendicante ma per accattare è pur necessario che vi sia gente che

Ich hatte den Ruf eines Geizhalses, doch alle wissen, dass mein Francesco viele Jahre der junge Prinz der Jugend von Assisi war und ich es ihm an nichts fehlen ließ. Dieser mein Sohn hat die Armut geheiratet, nachdem er zuvor den «Götterliebling» und Gönner, den Ritter und Herrn auf Kosten der väterlichen Reichtümer gespielt hatte.

Ihm gefielen verzierte, schöne Kleider, die er mit meinen Dukaten kaufte. Ihm gefiel es, mit edlen Pferden und wertvollen Waffen zu protzen, die er sich mit meinen Dukaten beschaffte. Ihm gefiel es, seine Freunde oder besser gesagt Schmarotzer zum Abendessen und zu Festen einzuladen, und mit Hilfe meiner Dukaten tafelte er prunkvoll wie ein König. Bedenke, dass er fast nichts durch eigener Hände Arbeit verdiente, denn er war selten und unwillig im Geschäft. Es genügte der Akkord auf einem Rebec oder einer Harfe oder dass ein Freund ihn rief, schon sahst du ihn hinausrennen wie einen Hund auf einen Pfiff und bekamst ihn den ganzen Abend und die ganze Nacht nicht mehr zu sehen.

Ich, der ich arbeitete und gab, ohne mich bitten zu lassen, habe den ewigen Ruf des Geizhalses, während dieser mein Sohn, der dank meinem Schweiß den Großen spielte und, solange er in meinem Hause lebte, mein Geld sinnlos verprasste, von allen als Ritter der Armut und der Barmherzigkeit verehrt wurde.

Es stimmt, dass ihn irgendwann unter anderem auch das Gelüst befiel, große Almosen an die Armen zu verteilen, doch wohlgemerkt immer mit dem von mir unter Mühsal und Gefahr jenseits der Berge verdienten Geld. Den Armen zu helfen, hielt ich nie für ein Laster, doch ich wüsste gern, wie es die Heiligen mit ihrer Barmherzigkeit halten würden, wenn es keine Leute gäbe, die arbeiten, handeln und sparen. Es sieht so aus, als ob mein Sohn dazu bestimmt war, Bettler zu werden, aber um zu betteln, muss es doch Leute geben, die etwas besitzen, Leute, die sich bemühen, ein bisschen

possiede, gente che s'affatica a mettere insieme un po' di bene, gente ricca che può dare il superfluo. Se tutti fossero stati mendicanti a qual porta avrebbero potuto picchiare e ottener pane e moneta? Se tutti fossero stati santi, gli uomini, gente che gira e canta e prega e predica, chi mai avrebbe seminato il grano, chi avrebbe murato le case, chi avrebbe filato e tessuto la lana?

I seguaci del mio figliolo vestivano alla peggio, una tonacaccia da pezzenti, ma pure anche per quelle tonache occorre il panno, e ci vuole chi lo fa, chi lo trasporta, chi lo vende. Il mio Francesco disprezzava, in cuor suo, l'arte mia non spirituale eppure i suoi eredi, i suoi scolari, i suoi frati han dovuto poi sempre ricorrere a mercanti di panno com'ero io se vollero mettersi qualcosa addosso, per fuggir freddo e vergogna.

Bellissime l'opere di carità, non c'è che dire.

Ma per sfamare gli affamati eran pur necessari contadini e beccai. Ma per aiutare infermi e carcerati eran pur necessari quei che battevan monete e quelli che onestamente le facevan fruttare. Ma per vestire gl'ignudi eran pur necessari cardieri e tessitori e mercanti di panni.

E questi ignudi mi rammentano l'ultima offesa ch'ebbi dal mio figliolo dinanzi al Vescovo e al popolo di Assisi. Io gli avevo fornito per venticinque anni di fila vesti e mantelli e cappe e armature e cavalcature di lusso e di pompa, e in più migliaia di ducati, per i sollazzi suoi e dei suoi amici, per i suoi viaggi, per i suoi capricci, per le sue elemosine. Ed egli, per tutta ricompensa, mi fece l'affronto di mostrarsi nudo dinanzi a tutti, di buttarmi in viso l'involto del vestito lacero e sudicio

Vermögen zusammenzubringen, reiche Leute, die vom Überfluss etwas abgeben können. Wenn alle Menschen Bettler gewesen wären, an welche Türen hätten sie klopfen können, um Brot und ein paar Groschen zu erhalten? Wenn alle Menschen Heilige gewesen wären, Leute, die herumziehen, singen, beten und predigen, wer hätte dann den Weizen gesät, wer hätte die Häuser gemauert, wer hätte die Wolle gesponnen und gewebt?

Die Anhänger meines Sohnes kleideten sich mehr schlecht als recht in eine hässliche Bettlerkutte, doch auch für solche Kutten braucht man Tuch und jemanden, der es macht, bringt und verkauft. Mein Francesco verabscheute in seinem Herzen meinen ungeistigen Beruf, doch seine Erben, seine Schüler, seine Brüder mussten immerzu auf Tuchhändler wie mich zurückgreifen, wenn sie etwas anziehen wollten, um sich gegen die Kälte zu schützen und ihre Blöße zu bedecken.

Werke der Barmherzigkeit sind etwas Wunderbares, dagegen ist nichts zu sagen. Doch um den Hunger der Hungrigen zu stillen, waren auch Bauern und Metzger nötig. Um Kranken und Gefangenen zu helfen, war auch jemand nötig, der Münzen prägte, und jemand, der sie auf ehrliche Weise gewinnbringend anlegte. Um die Nackten zu bekleiden, waren Wollkämmer, Weber und Händler nötig.

Die Nackten erinnern mich an die letzte Kränkung, die ich von meinem Sohne vor dem Bischof und dem Volk von Assisi erfahren habe. Fünfundzwanzig Jahre lang hatte ich ihm ununterbrochen luxuriöse und prächtige Kleider, Mäntel, Kappen, Rüstungen und Pferde gegeben und dazu Tausende von Dukaten zu seinem und seiner Freunde Vergnügen, für seine Reisen, seine Launen und seine Almosen. Und als Dank bereitete er mir die Schmach, sich vor allen nackt zu zeigen und mir sein zerrissenes und schmutziges Kleiderbündel ins Gesicht zu werfen, um mir damit alles zurückzu-

e con quello di restituirmi tutto quel che da me aveva ricevuto e di far pari con me e di rinnegarmi perfino come padre. Rinnegare colui che non soltanto gli aveva dato la vita ma aveva liberamente sovvenuto per cinque lustri ai suoi bisogni e soprattutto ai suoi vani e mondani piaceri.

S'egli era veramente chiamato da Dio a mutar le anime e ricondurle al Vangelo perché non cominciò l'opera santa col padre suo, col padre che tanto l'aveva amato? S'io mi attristavo e mi vergognavo della sua nuova pazzia perché dunque non tentò di farmi comprendere la verità che aveva in cuore invece di separarsi da me con sì scandalosa alterigia? S'io lo reputavo pazzo, come tutti nella città lo ritenevano e lo chiamavano, perché non tentò con dolcezza di mostrarmi che il pazzo ero io e lui il vero savio? Perché, insomma, colui che Cristo chiamava a salvare le anime non volle far nulla per salvare l'anima del cieco padre che per amor suo vinse l'avarizia e scordò la prudenza?

Eppure io l'amavo, forse l'amavo male ma l'amavo anche troppo. Per vent'anni e più era stato il mio orgoglio e tutta la mia speranza. Volevo che grandeggiasse e sfoggiasse al par dei nobili, che fosse il primo della città, che diventasse dottore o cavaliere o mercante, quel che gli fosse piaciuto, purché facesse onore al mio nome e alla mia casa. L'amai sempre quel figliolo che non doveva esser più mio, l'amai teneramente e disperatamente, né potevo tollerar nel suo cuore alcun rivale, neanche Dio. Ma sempre l'ho amato, sempre, e sento di amarlo anche ora come quando era fanciullo ed io tornavo dai viaggi lontani e la prima gioia del

geben, was er von mir bekommen hatte, um mit mir quitt zu sein, mich sogar als Vater zu verleugnen. Denjenigen zu verleugnen, der ihm nicht nur das Leben gegeben, sondern fünfundzwanzig Jahre lang freiwillig für seine Bedürfnisse, aber insbesondere für seine frivolen und weltlichen Freuden gesorgt hatte.

Wenn er wirklich von Gott dazu berufen war, die Seelen zu bekehren und zum Evangelium zurückzuführen, warum hat er das heilige Werk nicht bei seinem Vater begonnen, dem Vater, der ihn so sehr geliebt hat? Wenn ich über seinen neuen Wahn traurig war und mich schämte, warum hat er dann nicht versucht, mir die Wahrheit, die er im Herzen hatte, verständlich zu machen, statt sich mit so unerhörtem Hochmut von mir zu trennen? Wenn ich ihn für verrückt hielt – alle in der Stadt glaubten das und nannten ihn so –, warum versuchte er nicht, mir mit Sanftmut zu beweisen, dass ich der Verrückte und er der wahre Weise war? Warum also wollte derjenige, den Christus zur Rettung der Seelen rief, nichts tun zur Rettung der Seele des verblendeten Vaters, der aus Liebe zu ihm seinen Geiz besiegte und seine Besonnenheit vergaß?

Dennoch liebte ich ihn. Vielleicht liebte ich ihn auf falsche Weise, und gewiss liebte ich ihn zu sehr. Zwanzig Jahre und länger war er mein Stolz und meine ganze Hoffnung gewesen. Ich wollte, dass er wie die Adligen prunkvoll den großen Herrn spielte, der erste in der Stadt würde, Doktor, Ritter oder Kaufmann, was immer ihm gefallen hätte, wenn er nur meinem Namen und meinem Hause Ehre machte. Ich habe ihn stets geliebt, diesen Sohn, der nicht mehr der meine sein sollte. Ich liebte ihn zärtlich und verzweifelt und konnte in seinem Herzen keinen Rivalen ertragen, nicht einmal Gott. Aber ich habe ihn immer geliebt, immer, und ich fühle, dass ich ihn auch jetzt noch liebe, so wie damals, als er noch ein Kind war und ich von weiten Reisen zurückkam und es mei-

ritorno era di stringerlo forte al petto, appena entrato in casa, e di bagnare il suo viso coi miei baci e qualche lacrima. E anche l'ultimo giorno quando mi rinnegò io non raccattai quel fastello di panni per avarizia, ch'erano ormai cenci da macero, ma per avere ancora qualcosa ch'era stato suo e aveva coperto il suo corpo.

Perché dunque non tentò d'illuminare, prima che gli altri, il padre cieco, di convertire il padre geloso, di placare il padre ferito?

Io non so dimenticare ch'egli era pur mio figliolo, il primogenito del mio amore, il prediletto della mia anima e penso che un riflesso mio deve pur esser rimasto nella sua santità; poco, un atomo appena, un'ombra del mio essere, ma insomma qualcosa che un giorno fu parte di me.

Forse c'è ancora un resto di orgoglio e di gelosia nel mio amore per lui, e ne ho vergogna. Compatisco le mie parole amare.

Volevo che fosse tutto per me: questa fu la mia colpa. Dio volle, invece, che fosse per tutti gli uomini. E mi parve d'essere defraudato d'una mia proprietà legittima e non compresi e mi ribellai. Ma perché, dunque, non volle salvare anche me? A tutti perdonò; anche ai ladroni, anche ai lupi: non vorrà, dunque, aver pietà anche di suo padre?

Tutti gli uomini l'adorano e l'amano o almeno l'ammirano, il mio figliolo. Anch'io, a lui m'inginocchio e a lui mi affido. Condoni, ormai, la superbia e l'ira di colui che fu suo padre secondo la carne e ottenga anche per me il perdono del Padre più vero ch'è nei cieli.

ne erste Freude bei der Rückkehr war, ihn, kaum dass ich das Haus betreten hatte, fest an die Brust zu drücken und sein Gesicht mit meinen Küssen und so mancher Träne zu bedekken. Und auch am letzten Tag, als er endgültig mit mir brach, klaubte ich dieses Kleiderbündel, das ja fast nur aus Lumpen bestand, gewiss nicht aus Geiz auf, sondern um noch etwas zu besitzen, das ihm gehört und seinen Leib bedeckt hatte.

Warum also versuchte er nicht den verblendeteten Vater vor den anderen aufzuklären, den eifersüchtigen Vater zu bekehren, den verletzten Vater zu versöhnen?

Ich kann nicht vergessen, dass er trotz allem mein Sohn war, der Erstgeborene meiner Liebe, der Liebling meiner Seele. Und ich glaube, dass ein Hauch meiner selbst in seiner Heiligkeit geblieben ist; wenig, eine winzige Spur, ein Schatten meines Wesens, jedenfalls etwas, das zuvor ein Teil von mir war.

Vielleicht ist ein Rest Stolz und Eifersucht in meiner Liebe zu ihm, und ich schäme mich dafür. Ich bedaure meine bitteren Worte.

Ich wollte ihn ganz für mich; das war meine Schuld. Gott hingegen wollte, dass er allen Menschen gehörte. Ich hatte das Gefühl, meines rechtmäßigen Eigentums beraubt worden zu sein, und verstand es nicht und lehnte mich dagegen auf. Aber warum wollte er denn nicht auch mich retten? Allen verzieh er, sogar den Räubern, sogar den Wölfen. Würde er also nicht auch Mitleid mit seinem Vater haben wollen?

Alle Menschen beten ihn an, sie lieben oder zumindest bewundern meinen Sohn. Auch ich kniee vor ihm nieder und vertraue mich ihm an. Er vergebe nun den Hochmut und den Zorn dessen, der sein leiblicher Vater war, und erlange auch für mich die Vergebung des wahren Vaters, der im Himmel ist.

Celestino V

ANGELO
Tu, Pier da Morrone, fosti il solo Vicario di Cristo che rinunciò all'alto e santo ufficio. Dissero, alcuni, per viltà; altri per il peso della gran vecchiezza; fu detto, perfino, che avevi tradito lo Spirito Santo e tutti quelli che ti avevan salutato come l'atteso, «papa angelico». Parla, dunque, e fa ammutolire i tuoi accusatori.

CELESTINO V
Poiché il Signor Nostro mi concede la mirabil grazia di poter parlare un'ultima volta, dopo tanti secoli di silenzio, delle nostre vicende terrene dirò, per cominciare, che nessun mortale ha compreso o indovinato le ragioni vere della mia rinuncia al pontificato. E perciò perdono, come perdonai di cuore fin da quei giorni, a tutti i miei denigratori, perché in verità vollero giudicare prima d'intendere e intendere non potevano, ignorando il segreto che a nessun vivente volli confidare.

Non per viltà rinunciai alla tiara. Quando fui inalzato alla cattedra di Pietro contavo più di ottant'anni e non potevo temer né la prigionia né la morte. Non la prigionia perché ero avvezzo alla vita cenobitica e a quella eremitica, che poco son diverse dal carcere, e entrambe le amavo. Non la morte perché essa era ormai prossima, anzi imminente, per il natural termine assegnato all'uomo ed essendo vissuto sempre lontano dal peccato e al cospetto di Dio non soltanto non m'ispirava

Cölestin V. wurde mit 80 Jahren im Juli 1294 zum Papst gewählt, trat im Dezember 1294 zurück, als einziger Papst der Geschichte, starb 1296 und wurde 1313 heiliggesprochen.

ENGEL

Du, Pier da Morrone, warst der einzige Stellvertreter Christi, der auf das hohe, heilige Amt verzichtet hat. Einige sagten: aus Feigheit, andere: wegen der Last des hohen Alters. Man meinte sogar, du habest den Heiligen Geist und alle die verraten, die dich als den ersehnten «engelgleichen Papst» begrüßt hatten. Also sprich und bring deine Ankläger zum Schweigen.

CÖLESTIN V.

Da unser Herr mir die wunderbare Gnade gewährt, nach so vielen Jahrhunderten des Schweigens ein letztes Mal von unseren irdischen Angelegenheiten zu sprechen, möchte ich zu Beginn sagen, dass kein Sterblicher die wahren Gründe meines Verzichts auf das Pontifikat verstanden oder erraten hat. Darum verzeihe ich allen meinen Verleumdern, wie ich ihnen schon in jenen Tagen von ganzem Herzen verziehen habe; sie wollten eigentlich nur über mich richten, bevor sie verstanden hatten; verstehen konnten sie nicht, da sie das Geheimnis, das ich keinem Lebenden anvertrauen wollte, nicht kannten.

Ich habe nicht aus Feigheit auf die Tiara verzichtet. Als ich auf den Stuhl Petri erhoben wurde, zählte ich mehr als achtzig Jahre, und ich fürchtete weder Gefangenschaft noch Tod. Die Gefangenschaft nicht, weil ich das Leben eines Mönchs und das eines Eremiten gewöhnt war, die sich beide wenig vom Kerkerleben unterscheiden; beide liebte ich. Und den Tod nicht, denn er war schon nah, ja er stand wegen des dem Menschen zugewiesenen natürlichen Endes bevor; und weil ich immer fern von Sünde und unter Gottes Angesicht gelebt habe, flößte mir der Tod nicht nur keine Furcht

terrore ma era da me desiderata come liberazione e premio.

D'altra parte la vecchiaia, benché grave, non mi avrebbe tolto di compiere l'ufficio mio se, come pensavo, fosse stato tutto e soltanto spirituale.

Dio manda le forze necessarie a coloro che sceglie e protegge. Ed è stolto chi parla di un tradimento dello Spirito Santo che mi aveva designato quale Vicario del Redentore. Perché rinunziai proprio per rimaner fedele allo Spirito Santo e alla mia interior vocazione.

Avevo vissuto quasi sempre in solitudine, fin dalla adolescenza, tra l'altezza delle montagne e il pensiero, lo sguardo, la presenza di Dio. Quando fui strappato dal mio romitorio per diventar Papa io credetti sinceramente che il mio compito fosse quello medesimo che Cristo aveva assegnato ai suoi Apostoli, quello di convertire, di ammaestrare, di consolare le anime. Non piccolo fu il mio stupore quando mi ritrovai nel labirinto e nel puzzo della Curia pontificia.

Cristo aveva detto a Pietro: Pasci i miei agnelli. Io mi trovai, invece, in mezzo a una turba di lupi rapaci, di volpi maliziose, di leoni minaccianti, di pecore inferocite, di gazze menzognere e vane. Compresi, ad un tratto, che un Papa doveva per forza destreggiarsi tra la forza dei potenti, la stoltezza dei popoli, la discordia dei prossimi e l'astuzia dei consiglieri e degli esecutori.

Negli eremi di Morrone e della Majella avevo immaginato che il Vicario di Cristo dovesse, sia pure per quanto concede l'umana miseria, imitare le opere del Salvatore mentre fu in terra: guarire gl'infermi, ralluminare i ciechi, insegnare la carità, fuggire gli onori, perdonare gli erranti, ammaestrare i

ein, sondern ich sehnte ihn als Befreiung und Belohnung herbei.

Andererseits hätte das Alter, obwohl es schwer auf mir lastete, mich nicht davon abgehalten, mein Amt auszuüben, wenn es sich, wie ich erst dachte, lediglich um eine geistliche Aufgabe gehandelt hätte.

Gott gibt denen, die er erwählt und schützt, die nötige Kraft. Töricht ist, wer sagt, ich hätte Verrat am Heiligen Geist begangen, der mich zum Stellvertreter des Erlösers bestimmt hatte. Denn gerade, um dem Heiligen Geist und meiner inneren Berufung treu zu bleiben, habe ich verzichtet.

Seit meiner Jugend hatte ich fast immer in der Einsamkeit gelebt, zwischen hohen Bergen, im Gedanken an Gott, unter seinen Augen und in seiner Gegenwart. Als ich aus meiner Einöde gerissen wurde, um Papst zu werden, glaubte ich allen Ernstes, meine Aufgabe sei die gleiche, die Christus seinen Aposteln aufgetragen hatte, nämlich: die Seelen zu bekehren, zu belehren und zu trösten. Ich war nicht wenig erstaunt, als ich mich im Labyrinth und im Gestank der päpstlichen Kurie wiederfand.

Christus hat zu Petrus gesagt: Weide meine Lämmer. Ich aber befand mich mitten in einer Schar von reißenden Wölfen, listigen Füchsen, bedrohlichen Löwen, wild gewordenen Schafen und verlogenen, eitlen Elstern. Mit einem Mal begriff ich, dass ein Papst sich notgedrungen zwischen der Macht der Mächtigen, der Torheit der Völker, der Zwietracht der Mitmenschen und der Gerissenheit der Ratgeber und Ausführenden hindurchwinden musste.

In meiner Einöde des Morrone und der Majella hatte ich mir vorgestellt, der Stellvertreter Christi müsse die Taten des Retters auf Erden nachahmen, wenn auch nur soweit die menschliche Unvollkommenheit es zulässt: Kranke heilen, Blinde sehend machen, Barmherzigkeit lehren, Ehrungen meiden, den Irrenden verzeihen, die Weggefährten und die

compagni e le moltitudini. Mi accorsi, invece, poche settimane dopo, che avrei dovuto, all'incontrario, lottare di scaltrezza cogli ambasciatori, giocar d'astuzia coi cardinali, venire a compromessi con le grandi famiglie e coi re, sorvegliare segretari e cassieri infedeli, soprintendere alla distribuzione dei benefici e dei Vescovati, essere insomma un amministratore e un politico. Avevo sognato di parlare ai miei figlioli in Cristo, di ricondurre all'ovile di Roma le pecore smarrite, di preparare l'avvento del Regno dei Cieli e invece non sentivo parlare che di bolle, di sentenze, di antiche e nuove decretali, di privilegi e immunità, di contese fra gli ordini religiosi e le fazioni curiali, di pretese del Re di Napoli e di minacce dei Colonnesi. Invece della carità trovavo l'invidia e l'intrigo, al posto della povertà la simonia, invece dell'amore la brama del potere e la demenza dell'orgoglio. Avevo pensato di essere un successore e imitatore degli Apostoli e mi trovavo una specie di Signore temporale, tra signori pagani, chierici malfidi e plebi riottosi.

Avrei dovuto, si dirà, riformare tutto, mutar tutto, tornare alla povertà evangelica vagheggiata dagli Spirituali. Questo potevo pensare anch'io finché fui Pier da Morrone, ma non lo pensai più quando fui Celestino V. La moltiplicazione dei cristiani in tutte le terre del mondo ha fatto sì che la chiesa fosse divenuta una immensa società umana costretta a vivere e a muoversi in mezzo a quelle umane società che sono le fazioni, le città, le repubbliche, gl'imperi. Questa società, come tutte l'altre, va governata e chi dice governo dice legge, disciplina, amministrazione, denaro, cariche, uffici, nomine, relazioni con altri govemi e per conseguenza rivalità, concessioni, con-

Menge leiten. Statt dessen stellte ich nach wenigen Wochen fest, dass ich ganz im Gegenteil mit Botschaftern durchtrieben kämpfen, mit Kardinälen ein listiges Spiel treiben, mit mächtigen Familien und Königen Kompromisse schließen, Sekretäre und untreue Geldeinnehmer überwachen, die Verteilung der Pfründen und Bischofswürden leiten, also ein Verwalter und Politiker sein musste. Ich hatte davon geträumt, zu meinen Brüdern und Schwestern in Christus zu sprechen, die verlorenen Schafe wieder heim nach Rom zu führen, das Kommen des Himmelreichs vorzubereiten. Statt dessen hörte ich von nichts anderem reden als von Bullen, Urteilen, alten und neuen Dekretalen, von Privilegien und Immunität, von Zwistigkeiten zwischen religiösen Orden und Kongregationen, von Ansprüchen des Königs von Neapel und Drohungen der Colonna-Anhänger. Statt Barmherzigkeit fand ich Neid und Intrige, statt Armut Simonie, statt Liebe die Gier nach Macht und die Torheit des Hochmuts. Ich hatte geglaubt, ein Nachfolger der Apostel und ihnen gleich zu sein – und ich fand mich als eine Art weltlicher Herrscher wieder, unter heidnischen Herren, unwürdigen Klerikern und streitsüchtigem Gesindel.

Man wird sagen, ich hätte alles reformieren, alles ändern, hätte zu der von den Spiritualen ersehnten evangelischen Armut zurückkehren müssen. Das konnte ich auch denken, solange ich Pier da Morrone war, doch das dachte ich nicht mehr, als ich Cölestin V. war. Die Vermehrung der Christen in allen Ländern der Erde hat aus der Kirche eine gewaltig große menschliche Gesellschaft gemacht, die dazu gezwungen ist, unter menschlichen Gesellschaften wie Parteien, Städten, Republiken und Reichen zu leben und ihren Weg zu gehen. Diese Gesellschaft wird wie jede andere regiert, und wer Regierung sagt, sagt Gesetz, Regelung, Verwaltung, Geld, Würden, Ämter, Ernennungen, Beziehungen zu anderen Regierungen – und folglich Rivalität, Zugeständnisse, Widerstand,

trasti, guerre di parole o di ferro, interessi creati, tentazioni e corruzioni. Son mali ma necessariamente legati all'esistenza di ogni riunione di uomini, di ogni ecclesia, sia pure la chiesa fondata da Cristo. Abolire la grande macchina che muove e regge l'attività temporale della chiesa non potevo e non volevo ché sarebbe stato danno gravissimo per tutti i fedeli e per i loro pastori. L'anima della chiesa è lo Spirito Santo ma il suo corpo è formato di uomini e gli uomini hanno bisogno di essere amministrati e governati. D'altra parte io ero uomo di preghiera e non di governo, ero un meditante e non un legista, un contemplativo e non un sovrano. Non era giusto né possibile distrugger la Curia ma non era onesto né possibile, da parte mia, continuare ad esserne il capo.

Non già, dunque, per le inframmettenze di Re Carlo o per le male arti del Cardinal Caetani rinunciai al Pontificato ma per mia chiara volontà, ispirata da motivi puramente spirituali. Ammiro e compiango coloro che per amore della chiesa, si sobbarcano a governarla, in mezzo a tanti ostacoli, sacrifici e compromessi ma non potevo tradire il mio passato e il mio sogno. Io, asceta orante e predicante, non potevo diventare, non volevo diventare il principe di una grande azienda politica. Rinunciare, dopo cinque mesi soli, all'altissimo onore del Papato, il più glorioso che potesse esser dato, allora, a figlio di donna, non fu davvero viltà ma coraggio, non segno di timore ma di onesta fortezza. Se l'Altissimo, nella sua sapienza imperscrutabile, mi giudicasse colpevole fin da ora mi appello alla sua giustizia e alla sua misericordia.

Wort- oder Waffengefechte, irdische Interessen, Versuchung und Bestechung. Diese Übel sind notgedrungen an jede menschliche und kirchliche Gesellschaft gebunden, selbst an die von Christus gegründete Kirche. Die große Maschinerie abschaffen, die die weltlichen Unternehmungen der Kirche bewegt und regiert, das konnte und wollte ich nicht, denn das wäre für alle Gläubigen und ihre Priester ein sehr viel größerer Schaden gewesen. Die Seele der Kirche ist der Heilige Geist, aber ihr Leib sind die Menschen, und Menschen müssen verwaltet und regiert werden. Auf der anderen Seite war ich ein Mann des Gebets und nicht des Regierens, ich war ein nachdenklicher, besinnlicher Mensch, kein Rechtsgelehrter und Herrscher. Es war weder richtig noch möglich, die Kurie zu zerstören, andererseits war es für mich untragbar und unmöglich, weiterhin ihr Oberhaupt zu sein.

Also: Nicht wegen der Einmischung König Karls II. oder der Machenschaften des Kardinal Caetani habe ich auf das Pontifikat verzichtet, sondern aus eigenem, klarem Willen, aus rein geistlichen Beweggründen. Ich bewundere und bedaure alle, die aus Liebe zur Kirche sich die Last aufbürden, sie in Anbetracht so vieler Hindernisse, Opfer und Kompromisse zu regieren, aber ich konnte meine Vergangenheit und meinen Traum nicht verraten. Ich, der Asket, Beter und Prediger konnte und wollte nicht Fürst eines großen politischen Unternehmens werden. Schon nach fünf Monaten auf die höchste Ehre des Papsttums zu verzichten, die glanzvollste, die damals einem von einem Weib geborenen Sohn verliehen werden konnte, war gewiss nicht Feigheit, sondern Mut, nicht Zeichen von Furcht, sondern redliche Stärke. Wenn der Höchste in seiner unerforschlichen Weisheit mich jetzt für schuldig befinden sollte, dann will ich an seine Gerechtigkeit und sein Erbarmen appellieren.

Gianciotto

ANGELO

Giovanni Malatesta, signore di Rimini, gli uomini ricordarono il tuo nome soltanto perché uccidesti la sposa e il fratello. Della tua vita e della tua anima devi rispondere ma, prima di tutto, del sangue che fu versato dalla tua spada.

GIANCIOTTO

Gli uomini conobbero la mia sventura e il mio delitto, non altro. Ai loro occhi fui un marito giustamente ingannato e una bestia vendicativa. Leggende false e poesie ancor più bugiarde vollero tinger di bianco e di celeste i due traditori. Si narrò che Francesca fu ingannata prima delle nozze e che non poté amare un uomo zoppo e deforme, che le fu dato per forza o per frode. Non è vero. Ero claudicante ma non mostruoso e Francesca mi conosceva, e Francesca per sette anni mi amò. Dal nostro amore nacque una bambina alla quale fu dato, quasi segno di augurio della nostra unione, il nome di Concordia. Paolo, mio fratello, non era il primo amore segreto e deluso. Anche Paolo aveva una moglie e ne fu riamato. La mia sposa e mio fratello, dunque, lasciandosi trascinare da una passione colpevole, furono doppiamente adulteri, doppiamente traditori, adulteri e traditori senza altra scusa che l'acciecamento del peccato. E se a loro i plebei invidiosi della mia signoria e i poeti indulgenti alle fantasie lussuriose perdonarono quell'acciecamento, perché non perdonarono a me l'acciecа-

Gianciotto Malatesta heiratete um 1275 Francesca da Rimini. 1283 oder 1284 ermordete er sie und ihren Liebhaber, seinen Bruder Paolo. Die Tragödie hat u. a. Dante inspiriert.

ENGEL

Giovanni Malatesta, Signore von Rimini, die Menschen erinnerten sich an deinen Namen nur, weil du deine Gattin und deinen Bruder getötet hast. Du sollst dich für dein Leben und deine Seele verantworten, und insbesondere für das durch dein Schwert vergossene Blut.

GIANCIOTTO

Die Menschen kannten nur mein Unglück und mein Verbrechen, nichts weiter. In ihren Augen war ich ein zu Recht betrogener Ehemann und eine rachsüchtige Bestie. Unwahre Legenden und noch verlogenere Dichtungen wollten die beiden Verräter in weiß und hellblau färben. Man erzählte, dass Francesca vor der Hochzeit getäuscht wurde und einen hinkenden, missgestalteten Mann, der ihr mit List aufgezwungen worden war, nicht lieben konnte. Das ist nicht wahr. Ich humpelte zwar, war aber kein Ungeheuer, und Francesca kannte und liebte mich sieben Jahre lang. Aus unserer Liebe entstand ein Mädchen, das, sozusagen als Glückszeichen unserer Verbindung, den Namen Concordia erhielt. Paolo, mein Bruder, war nicht Francescas erste heimliche und enttäuschte Liebe. Auch Paolo hatte eine Gattin und wurde wiedergeliebt. Da meine Frau und mein Bruder sich also von sträflicher Leidenschaft hinreißen ließen, waren sie im doppelten Sinn Ehebrecher, im doppelten Sinn Verräter, Ehebrecher und Verräter mit der einzigen Entschuldigung, dass die Sünde blind macht. Aber wenn ihnen der auf meine Herrschaft neidische Pöbel und die gegenüber wollüstigen Phantasien stets nachsichtigen Dichter dieses Blindsein verziehen, warum verziehen sie dann mir nicht mein Blindsein vor

mento dell'ira, l'acciecamento di un uomo che si vede tolto, insieme, l'affetto della moglie e la fede nel fratello? Io ero signore della città e avrei potuto consegnarli al mio tribunale, che li avrebbe condannati, giusta la giusta e antica legge, alla morte. Il mio errore, l'unico errore, fu quello di aver voluto essere, io stesso, giudice e giustiziere.

Della mia infame fama presso i popoli l'autore primo fu un poeta fiorentino, sbandito e girovago, che in un suo poema forse per comunanza di peccato – ché anch'egli, a quel che si disse, fu lussurioso e adultero – pianse e fece piangere sulla fine sanguigna dei cognati dannati. Quel medesimo poeta pose me nel girone dei fratricidi ma io temo ch'egli troverà posto in quello dei maledici e dei calunniatori.

Per me ho ferma fede che dinanzi al tribunale del Dio della giustizia sarà dato maggior peso al rimorso di uno sciagurato vilmente tradito che alle favole lacrimose di un poeta talora troppo severo e talora troppo indulgente alle umane colpe.

Zorn, die Verblendung eines Mannes, der sich zugleich der Liebe der Gattin und der Treue seines Bruders beraubt sieht? Ich war Herr der Stadt und hätte sie vor mein Gericht stellen können, das sie nach gerechtem und altem Gesetz zum Tode verurteilt hätte. Mein Fehler, mein einziger Fehler war, dass ich selber Richter und Scharfrichter sein wollte.

Der erste, der mich bei den Völkern auf schändliche Weise berühmt machte, war ein florentinischer Dichter, ein umherziehender Verbannter, der in einem seiner Gedichte, vielleicht aus sündiger Seelenverwandtschaft – auch er war, wie es hieß, wollüstig und ehebrecherisch –, das blutige Ende der verdammten verschwägerten Ehebrecher beweinte und manchen zu Tränen rührte. Dieser Dichter versetzte mich in den Höllenkreis der Brudermörder. Ich befürchte, er selbst wird im Kreis der Lästermäuler und Verleumder Platz finden.

Was mich betrifft, so glaube ich fest daran, dass vor dem Gericht des gerechten Gottes die Reue eines auf feige Weise betrogenen Unglückseligen mehr Gewicht haben wird als die rührseligen Märchen eines Dichters, der gegenüber den Verfehlungen der Menschen manchmal zu streng und manchmal zu nachsichtig war.

Noffo di Vanni

De' tanti peccati che il Demonio volle appiccarmi uno solo mi fa paura e di questo solo dirò.

Fui un di que' poveri uomini che in Fiorenza chiamavan per dispregio Ciompi e l'arte mia era di cardar lana. Non seppi di lettere ché ancor fanciullo dovetti guadagnarmi il poco pane che mangiavo ma l'anima mia era posseduta da fantasie diverse che non convenivano alla mia bassa sorte. Ero assai devoto della Santissima Trinità e volentieri ascoltavo i discorsi degli uomini spirituali, specialmente di quelli della regola del Beato Francesco. E ascoltando quei discorsi dove spesso si ragionava della santa povertà e del giorno prossimo nel quale sarebbe sceso in terra lo Spirito Santo per rinnovare e purificare la Chiesa di Dio e il mondo tutto, cominciai a cogitare tra di me sull'ingiustizia della mia condizione e sulla miseria mia e de' miei compagni.

Non eran forse, gli uomini, tutti figli di Dio e tutti quanti eredi della terra, ricomprati dal medesimo sangue di Cristo e destinati tutti alla gloria del paradiso? Perché, dunque, v'era chi godeva ogni delizia della vita e chi si disfaceva nella fatica e negli stenti senza sua colpa, ricavando dall'opera sua appena di che sfamarsi? Non erano gli uni e gli altri del seme di Adamo, non avevan tutti uno spirito immortate e perciò un egual merito ai beni che il Signore aveva largito all'uomo? Come mai que' medesimi uomini di chiesa che avrebbero dovuto insegnare e praticare i precetti dell'Evangelo ago-

Noffo di Vanni ist wohl nicht namentlich historisch. Der Aufstand der Ciompi in Florenz war im Sommer 1387.

Von den vielen Sünden, die der Dämon mir anlasten wollte, macht mir nur eine Angst, und allein von dieser will ich sprechen.

Ich war einer jener armen Menschen, die in Florenz verächtlich Ciompi genannt wurden; ich übte das Handwerk eines Wollkämmers aus. Ich konnte nicht lesen und schreiben, da ich schon als Kind mir das Brot, das ich aß, verdienen musste. Doch meine Seele war von allerlei Phantasien besessen, die sich für mein niedriges Dasein nicht schickten. Ich war der Heiligen Dreifaltigkeit sehr ergeben und hörte gern die Reden der Geistlichen, insbesondere derer vom Orden des seligen Franziskus. Während ich diese Reden hörte, in denen man oft über die heilige Armut und den bevorstehenden Tag sprach, an dem der Heilige Geist auf die Erde herabkommen würde, um die Kirche Gottes und die ganze Welt zu erneuern und zu reinigen, machte ich mir Gedanken über die Ungerechtigkeit meines Zustands, über mein Elend und das meiner Gefährten.

Waren die Menschen denn nicht allesamt Söhne Gottes, allesamt Erben der Erde, vom gleichen Blut Christi freigekauft und alle für die Seligkeit des Paradieses bestimmt? Warum also gab es Menschen, die alle Freuden des Lebens genossen, und Menschen, die sich schuldlos unter Mühen und Entbehrungen aufrieben und von ihrer Arbeit kaum satt werden können? Entstammten nicht die einen wie die anderen dem Samen Adams, hatten nicht alle eine unsterbliche Seele? Verdienten sie nicht gleichermaßen die Güter, die der Herr dem Menschen geschenkt hatte? Warum sehnten sich all diese Kirchenmänner, die die Gebote des Evangeliums hätten lehren und leben müssen, nach Reichtum und gaben sich selbstgefäl-

gnavan le ricchezze e incedevano tronfi e pettoruti invece di seguir la legge della povertà e di dar l'esempio dell'umiltà? Perché v'era chi sempre regnava e chi doveva sempre obbedire e soffrire?

Questi pensieri circuivano il mio spirito sempre, sia quando attendevo al mio fastidioso lavoro sia nelle veglie di notte. Cominciai a guatare in malo modo i signori e i priori, i mercanti che fabbricavan case e compravano possessioni a spese nostre, i prelati tripputi che stavan dalla parte di coloro che succiavano il sangue del popolo. Non mi accorgevo che il risentimento mio proveniva dall'invidia attizzata da Satana più che da sincera pietà verso i miseri. Non sapevo né vedevo che le parole del Vangelo servivano piuttosto ad onestare il mio rancore verso i grandi che ad insegnare alla mia anima le vie della vera pace e dell'eterna salute. Quell'universale rivolgimento di cose che il mio cuore desiderava non era ispirato da puro amor di giustizia ma dalla speranza di veder cambiate le parti, di ascendere alla condizione di coloro che mi sembravano accarezzati dalla fortuna. Non odiavo i potenti e i ricchi per sincero e religioso amore dell'uguaglianza e della povertà ma perché avrei voluto essere anch'io ricco e potente al par di loro. Avevo, insomma, la brutta natura di un tiranno senza comando, di un ricco senza tesoro, che si vendicava della sua vilezza con l'arma dei vili, con l'invidia.

Quando il popolo minuto si sollevò contro la Signoria e Michele di Lando guidò i Ciompi alla conquista della città fui tra quelli che lo seguirono e uno de' più accesi. L'invidia divenne in me brama di strage, l'odio si scatenò in violenza. Corremmo alle case dei più aborriti padroni e vi appiccammo il fuoco, tra grida di sdegno e di trionfo. Furon messi

lig und aufgeblasen, anstatt dem Gesetz der Armut zu folgen und ein Beispiel der Demut zu geben? Warum gab es diejenigen, die immer regierten und diejenigen, die immer gehorchen und leiden mussten?

Diese Gedanken kreisten mir immer im Kopf herum, ob ich meine lästige Arbeit verrichtete oder des Nachts wach lag. Ich begann, die Herren und Klostervorsteher scheel anzusehen, auch die Kaufleute, die Häuser bauten und Besitztümer auf unsere Kosten erwarben, und die dickwanstigen Prälaten, die auf der Seite derer standen, die dem Volk das Blut aussaugten. Ich bemerkte nicht, dass mein Groll mehr dem von Satan geschürten Neid entsprang als einem tief empfundenen Mitgefühl mit den Elenden. Weder wusste noch sah ich, dass die Worte des Evangeliums eher dazu dienten, meinen Groll gegenüber den Großen zu rechtfertigen, als meiner Seele den Weg des wahren Friedens und ewigen Heils zu weisen. Die allgemeine Umwälzung der Dinge, die mein Herz ersehnte, war nicht von reiner Gerechtigkeitsliebe beseelt, sondern von der Hoffnung, die Rollen vertauscht zu sehen, aufzusteigen in den Zustand derjenigen, die mir vom Glück begünstigt schienen. Ich hasste die Mächtigen und Reichen nicht aus ehrlicher und frommer Liebe zu Gleichberechtigung und Armut, sondern weil auch ich reich und mächtig wie sie hätte sein wollen. Ich hatte also die böse Natur eines Tyrannen ohne Befehlsgewalt, eines Reichen ohne Schatz, eines Menschen also, der sich mit Neid, der Waffe der Feigen, für seine Feigheit rächte.

Als das niedere Volk sich gegen die Signoria erhob und Michele di Lando die Ciompi zur Eroberung der Stadt führte, war ich unter denen, die ihm folgten, und zwar einer der feurigsten. Der Neid wurde in mir zum Begehren nach einem Blutbad, der Hass schlug in Gewalt um. Wir liefen zu den Häusern der verabscheuungswürdigsten Herren und legten dort unter Zorn- und Triumphgeheul Feuer. Die Häu-

a sacco gli arredi, feriti e uccisi quelli che non fuggirono a tempo. Queste mie mani di battezzato si lordarono del sangue d'una donna che tentava di ritogliermi un suo stipo colmo di gemme. Sul nostro gonfalone era dipinto un angelo, ma si pareva, in quel giorno, con le picche e le torce, con le facce sfigurite dall'ira e dalla cupidigia, tanti diavoli scaturiti dalle viscere dell'inferno.

Venne poi il tradimento di Michele, la rivincita, del popolo grasso e per me e molti miei compagni di sciagura, la fuga e l'esilio. Confitto giù nel botro della disperazione l'odio mio crebbe a dismisura e sortii arrabbiato dalla mia vita di rabbia, maledicendo la nequizia degli uomini e l'ingiustizia di Dio.

Ora soltanto ho conosciutto il mio pazzo accecamento e la vergogna del mio errore. Ma non posso, ormai, mutare il mio destino ché ai morti non è concesso acquistare alcun merito neppure col pianto amaro dei pentimento. Ma s'io non posso far più nulla per salvarmi v'è Cristo che tutto può e ogni colpa può cancellare, con un solo sguardo della sua infinita pietà. Lui solo potrà salvare un'anima che l'Avversario avvolse nelle sue tenebre.

ser wurden geplündert; wer nicht rechtzeitig fliehen konnte, verwundet oder getötet. Diese meine Hände eines Getauften befleckten sich mit dem Blut einer Frau, die versuchte, mir ein Kästchen voller Schmuck wieder zu entreißen. Auf unser Banner war ein Engel gemalt, doch mit unseren Piken und Fackeln, unseren von Wut und Gier entstellten Gesichtern sahen wir an diesem Tag wie lauter der innersten Hölle entsprungene Teufel aus.

Dann erfolgte der Verrat von Michele, die Revanche des Bürgervolkes, und für mich und viele meiner Gefährten Unheil, Flucht und Verbannung. Gefangen in tiefster Verzweiflung wuchs mein Hass über alle Maßen; wütend entwand ich mich meinem zornigen Leben und verwünschte die Schlechtigkeit der Menschen und die Ungerechtigkeit Gottes.

Erst jetzt habe ich meine wahnsinnige Verblendung und die Schande meines Irrtums erkannt. Doch ich kann mein Schicksal nun nicht mehr ändern, da es den Toten nicht einmal mit den bitteren Tränen der Reue vergönnt ist, ein Verdienst zu erlangen. Aber wenn ich auch selber für meine Rettung nichts mehr tun kann, dann ist da doch Christus, der alles vermag und mit einem einzigen Blick seiner unendlichen Barmherzigkeit jede Schuld tilgt. Er allein kann eine Seele retten, die der Böse Feind in Finsternis gehüllt hat.

Girolamo Olgiati

ANGELO

Tu fosti un de' tanti che per sfogo di rancore o per cupidità di gloria più che per amore del bene della patria uccisero un principe. Credevi tu di fare opera santa disobbedendo a uno de' primi comandamenti di Dio?

GIROLAMO OLGIATI

È vero che tolsi la vita, insieme a due animosi compagni, al duca Gian Galeazzo che fu esecrabil tiranno di Milano ma è falso che ciò facessi per mia espressa volontà. Non fui, in quell'atto, che un braccio mosso dall'altrui volere, la vittima d'un incubo.

Devi sapere che fin dall'adolescenza ebbi a maestro di lettere un certo Cola Montano, uomo che mi apparve d'infinita dottrina e di forte animo. Ero da lui totalmente dominato e preso che credevo alla verità di ogni suo detto più che al Vangelo medesimo. E ti confesserò che invasato com'ero delle cose antiche e della venustà dello stile avevo sempre a mano Cicerone e Livio né mi curavo di gettar gli occhi sulle sacre Scritture.

Fu il mio maestro e soltanto lui che suggerì, anzi ordinò, alla mia giovanil fantasia di ammazzare il duca contro il quale, come poi si seppe, aveva sue ragioni di risentimento. Fu lui che mi pose dinanzi, come esca e miraggio, l'idea della fama eterna che avrei conseguita con l'uccisione di Gian Galeazzo, imitando cosi le sempre glorificate gesta di Armodio e di Bruto.

Girolamo Olgiati war beteiligt an der Ermordung des Herzogs Galeazzo Sforza 1476. Er wurde zum Tode verurteilt.

ENGEL

Du warst einer der vielen, die in einem Anfall von Groll und aus Ruhmsucht, mehr als aus sorgender Liebe zum Vaterland einen Fürsten getötet haben. Glaubtest du eine heilige Tat zu begehen, indem du eins der obersten Gebote Gottes nicht befolgtest?

GIROLAMO OLGIATI

Es stimmt, ich habe zusammen mit zwei kühnen Gefährten dem Herzog Gian Galeazzo, dem verabscheuungswürdigen Tyrannen von Mailand das Leben genommen, aber es stimmt nicht, dass dies mein ausdrücklicher Wille war. Ich war bei dieser Tat nichts anderes als der vom Willen eines anderen bewegte Arm, das Opfer eines Alptraums.

Du musst wissen, ich hatte seit meiner Jugend einen Lehrer in Geisteswissenschaften, einen gewissen Cola Montano, einen in meinen Augen unendlich gebildeten Mann von starkem Charakter. Ich war von ihm so völlig beherrscht und gefangen, dass ich allem, was er sagte, mehr Glauben schenkte, als selbst dem Evangelium. Ich gestehe dir, dass ich, besessen von den Werken der Antike und der Schönheit ihres Stiles, immer wieder Cicero und Livius zur Hand nahm, während ich der Heiligen Schrift wenig Beachtung schenkte.

Es war einzig und allein mein Lehrer, der meiner jugendlichen Phantasie eingab, ja mir befahl, den Herzog zu töten, gegen den er, wie man später erfuhr, einen Groll hatte. Er köderte mich mit dem Traumbild des ewigen Ruhmes, den ich, indem ich die verherrlichten Taten von Harmodius und Brutus nachahmte, mit der Ermordung Gian Galeazzos erlangen würde.

Ogni giorno ripeteva a me e ai miei compagni la storia di quei magnanimi ed io non seppi sfuggire a quella sua rete di eloquenti incantesimi. A poco a poco la sua anima si trasferì nella mia, il suo odio divenne il mio odio, la sua volontà prese possesso della mia volontà. Alla fine non ero più io ma solo un povero debole corpo abitato e governato da uno spirito estraneo, quasi un ossesso in cui avesse preso dimora un demonio.

Montano voleva la morte di Galeazzo ma non voleva dargli morte con la sua mano per timore, penso, della propria morte. Appena si accorse ch'ero in sua piena balía e che avrei fatto a ogni modo ciò ch'egli bramava, fuggì dalla città, esortandomi fino all'ultimo al tirannicidio. Di tali esortazioni non v'era ormai bisogno ch'io ero tutto suo, non vedevo che per i suoi occhi, non pensavo che i suoi pensieri.

Si giunse così al gran giorno e anch'io fui tra gli omicidi. Pagai col taglio del capo il delitto non mio e fu inutile delitto ché ad un tiranno un altro tenne subito dietro. Il vero colpevole, il maestro, si sottrasse per alcun tempo alla pena che avrebbe dovuto esser tutta sua, come tutta sua era stata l'idea della quale fui il materiale esecutore. Ma la condanna per le quattro morti avvenute per cagion sua lo raggiunse cinque anni dopo, quando fu impiccato a Firenze per ordine del Magnifico Lorenzo.

In me, penso, non fu vera colpa e se la debolezza mostrata da me divenendo schiavo di un altro uomo fu colpa, non è colpa sì grande da pensare ch'io non l'abbia già espiata coll'atroce perdita della mia vita e d'ogni mia speranza. Devi considerare l'età mia giovanissima, il fascinoso potere che sopra un giovane di animo candido e caldo poteva eserci-

Jeden Tag wiederholte er mir und meinen Gefährten die Geschichte dieser edlen Männer, und ich konnte seinem Netz aus wortgewandtem Zauber nicht entkommen. Nach und nach drang seine Seele in die meine ein, sein Hass wurde mein Hass, sein Wille nahm Besitz von meinem Willen. Am Ende war ich nicht mehr ich selber, sondern nur ein armer, schwacher, von einem fremden Geist bewohnter und beherrschter Körper, fast ein Besessener, in den sich ein Dämon eingenistet hat.

Montano wollte Galeazzos Tod, aber nicht durch seine Hand; ich nehme an, er hatte Angst vor dem eigenen Tod. Als er merkte, dass ich voll in seinem Bann war und auf jeden Fall tun würde, was er begehrte, floh er aus der Stadt, nachdem er bis zuletzt den Tyrannenmord angemahnt hatte. Solche Ermahnungen waren inzwischen nicht mehr nötig, denn ich gehörte ihm voll und ganz, sah nur durch seine Augen und dachte nur seine Gedanken.

So kam der große Tag herbei, und auch ich war unter den Mördern. Ich bezahlte mit meinem Kopf für das Verbrechen, das nicht meines war – und es war ein sinnloses Verbrechen, denn auf einen Tyrannen folgt gleich der nächste. Der wahre Schuldige, mein Lehrer, entzog sich eine Zeitlang der Strafe, die ihm allein gebührt hätte, weil die Idee, deren ausübendes Werkzeug ich war, von ihm stammte. Aber seine Verurteilung für die Verursachung des Todes von vier Menschen ereilte ihn fünf Jahre später; da wurde er auf Befehl von Lorenzo dem Prächtigen gehängt.

Ich hatte, glaube ich, keine eigentliche Schuld, und wenn meine Schwäche, Sklave eines anderen Menschen geworden zu sein, doch eine Schuld war, dann ist sie nicht so groß, dass ich sie nicht schon mit dem grausamen Verlust meines Lebens und jeglicher Hoffung gesühnt hätte. Du musst mein sehr junges Alter bedenken, und die faszinierende Macht, die ein gelehrter Mann durch die magische Kraft seiner glühen-

tare un uomo dotto con la magia delle sue parole ardenti, un maestro ch'era per me più che un maestro, quasi un nume che m'ispirava venerazione e riverenza. Io fui soltanto l'esempio dell'influsso nefasto che potevano avere le umane lettere, e le umane storie, null'altro che umane, sulle menti inagguerrite dei giovani.

Di Montano e solamente sua fu la vera colpa della quale mi accusi; a lui solo spetta il divino castigo. Quanto a me reclino questo capo, che già fu mozzato, dinanzi alla Bontà Eterna che tutto sa comprendere e perdonare.

den Worte auf einen jungen Menschen mit unschuldigem und heißen Herzen auszuüben vermochte – ein Lehrer, er war für mich mehr als ein Lehrer, er war ein göttliches Wesen, das mir Verehrung und Ehrfurcht einflößte. Ich war nur ein Beispiel für den verhängnisvollen Einfluss, den menschliche, nichts weiter als menschliche Bildung und Taten über den wehrlosen Verstand junger Menschen haben können.

Die wahre Schuld, deren du mich anklagst, war einzig und allein Montanos Schuld. Nur ihm gebührt die göttliche Strafe. Was mich betrifft, neige ich das mir bereits abgeschlagene Haupt vor der ewigen Güte, die alles verstehen und vergeben kann.

Savonarola

ANGELO

Molti uomini del tempo tuo ti giudicarono un maniaco esaltato o uno scaltro simulatore; molti dei tempi che seguirono un profeta martire degno d'esser posto sugli altari. Accettasti di tentare Iddio colla prova del fuoco e all'ultimo ti ritraesti ma il fuoco arse lo stesso, per mano dei tuoi nemici, il tuo corpo. Minacciasti agli uomini le fiamme del cielo eppoi non sapesti sfuggire al rogo. Eleggesti Cristo a re del tuo popolo ma colla tacita intesa che tu solo dovevi essere il suo viceré.

Apparisti agli uomini, in vita e in morte, un enigma; tu solo, colla piena confessione, puoi scioglierlo.

SAVONAROLA

Fui mistero anche a me stesso, fino al giomo del fuoco, e ora son preparato a dir la verità sull'esser mio.

Ero nato di animo avido e infocato, desideroso di primeggiare e di comandare. Ai miei tempi e nella mia patria tutti aspiravano a conquistare o ad accrescere il dominio loro, con ogni mezzo, legittimo o no, purché atto al fine. Si vedevano ogni giomo uomini privati ma scaltri e arditi diventar signori di terre e di città, talvolta perfin di regni. Capitani di bande mercenarie, mercanti astuti e liberali, signorotti di provincia, avventurieri d'ogni origine e risma eran riusciti, in quel secolo, a diventar capi e reggitori di quasi tutti gli stati italiani. Io vidi fin da giovane, che per due vie giungevano costoro alla

Girolamo Savonarola, 1452–1498, Dominikaner, errichtete für mehrere Jahre ein theokratisches Regime in Florenz.

ENGEL

Viele Menschen deiner Zeit hielten dich für einen fanatischen Besessenen oder gerissenen Heuchler, viele in späteren Zeiten für einen Propheten und Märtyrer, der würdig ist, auf den Altar gehoben zu werden. Du warst so vermessen, Gott mit der Feuerprobe in Versuchung zu führen und entzogst dich im letzten Augenblick, doch das Feuer verbrannte durch die Hand deiner Feinde dennoch deinen Leib. Du drohtest den Menschen mit den Flammen des Himmels und konntest dann dem Scheiterhaufen nicht entfliehen. Du wähltest Christus als König deines Volkes, doch mit dem stillschweigenden Übereinkommen, dass nur du sein Stellvertreter sein solltest.

Du warst den Menschen zu Lebzeiten und im Tod ein Rätsel. Du allein kannst es mit einer umfassenden Beichte lösen.

SAVONAROLA

Bis zum Tage des Feuers war ich auch mir selber ein Geheimnis. Jetzt bin ich bereit, die Wahrheit über mich zu sagen.

Mit einer lebensgierigen und feurigen Seele geboren, war ich versessen darauf, der erste zu sein und zu befehlen. Zu meiner Zeit und in meiner Heimat strebten alle danach, Herrschaft zu erringen und zu vergrößern, und zwar mit allen Mitteln, ob rechtmäßig oder nicht, wenn sie nur diesem Zweck dienten. Jeden Tag erlebte man, wie Privatleute auf schlaue und kühne Weise Herren über Güter und Städte werden, manchmal sogar über Königreiche. Söldnerführer, gerissene und sittenlose Händler, geltungssüchtige kleine Provinzherren, Abenteurer jeglicher Herkunft und Gattung hatten es in diesem Jahrhundert fertiggebracht, Führer und Regierende fast aller italienischer Staaten zu werden.

signoria: colla forza dell'arme aiutata da quella dell'inganno o colla forza dell'oro aiutata pur dall'inganno. Io non avevo oro per stipendiare soldati o per corromper città.

Eppure anche nel mio animo ambizioso, esaltato dalla caldezza d'una volontà forte, sentivo urgere quella brama d'impero che possedeva tanti cuori del mio secolo. E mi accorsi che restava aperta una terza via al dominio dei popoli: la parola. Ma quale parola? Non certo un'eloquenza puramente umana, che non avrebbe certo saputo conquistare i futuri sudditi. Un'oratoria poetica e tutta rettorica, come quella degli umanisti poteva fare acquistar grazia presso un mecenate non già dare in balìa le città. E siccome una giovanile delusione di amore, insieme alla passione dello studio e della perfezione, mi avevano spinto a farmi frate, mi accorsi che la parola ispirata da Dio, annunziata e proclamata in nome di Dio, poteva essere un mezzo all'acquisto d'un assoluto potere sulle anime degli uomini, cioè di volgere i loro voleri all'intento nostro. Ma non bastava a ciò la dolcezza della parola evangelica che di per sé stessa è rinunzia al dominio di questo mondo. Io vidi, coll'esperienza, che certi popoli si portano all'obbedienza piuttosto colla minaccia e il timore che non colle soavi carezze della speranza e nei miei sermoni e nei miei quaresimali presi come testo e modello i profeti dell'Antico Testamento che tanto spesso rimbrottavano e maledivano i popoli e annunziavano flagelli e sventure. Anch'io, coll'andar del tempo, divenni simile a un profeta dell'antica legge e riuscii, colla terribilità del mio parlar corrusco, a trascinarmi dietro le genti; prima il popolo minuto e le donne

Von Jugend an sah ich, wie sie auf zweierlei Weise an die Herrschaft gelangten: mit der Macht der Waffen, unterstützt durch die Macht der Täuschung oder mit der Macht des Goldes, wiederum unterstützt durch Täuschung.

Ich hatte kein Gold, um Soldaten zu bezahlen oder Städte zu bestechen. Doch fühlte auch ich in meinem von der Wärme eines starken Willens erregten ehrgeizigen Herzen jenen Drang nach Herrschaft, von dem so viele in meinem Jahrhundert besessen waren. Ich erkannte, dass ein dritter Weg zur Beherrschung der Völker offenblieb: das Wort. Doch welches Wort? Gewiss nicht nur menschliche Beredsamkeit! Die hätte bestimmt keine künftigen Untertanen zu gewinnen vermocht. Mit poetischer und rein rhetorischer Redekunst wie derjenigen der Humanisten konnte man zwar die Gunst eines Mäzens erlangen, aber nicht die Gewalt über die Städte. Da eine frühe Liebesenttäuschung und mein Drang zur Wissenschaft und zur Vollkommenheit mich dazu gebracht hatten, Mönch zu werden, erkannte ich, dass das von Gott beseelte und im Namen Gottes verkündete und ausgerufene Wort, ein Mittel zur vollständigen Macht über die Seelen der Menschen sein konnte, das heißt, ein Mittel, um ihren Willen in unserem Sinne zu lenken. Dazu genügte nicht das sanfte Wort des Evangeliums, das in sich selber den Verzicht auf die Herrschaft über diese Welt birgt. Ich habe aus Erfahrung gelernt, dass manche Völker eher durch Drohung und aus Furcht als durch die sanften Schmeicheleien der Hoffnung zum Gehorsam gebracht werden, und nahm in meinen Predigten und Fastenpredigten die Propheten des Alten Testaments als Vorlage und Vorbild, die so oft die Völker schalten und verfluchten und ihnen Plagen und Missgeschick verkündeten. Ich wurde mit der Zeit wie ein Prophet des alten Gesetzes, und mit der Schrecklichkeit meiner funkensprühenden Redeweise gelang es mir, die Menschen hinter mich zu bringen: zunächst die kleinen Leute und die Frauen, dann alle anderen,

poi tutti gli altri, fino ai poeti ed al filosofi. Non potendo aver lance o fiorini per impossessarmi della città usai armi ancor più sicure: la profezia e lo spavento. Fui un profeta in apparenza inerme ma le mie irruenti e convincenti profezie di sciagure, di calamità e di pianti furono le mie vere armi e, almeno per qualche tempo, armi vittoriose. Si disse ch'io ero il rivale del Magnifico, che allora comandava a Fiorenza, ma in verità, più che rivale, io volevo essere il suo successore nel dominio e tale divenni. Io non parlavo in mio nome ma in nome di Dio. Dio era l'imperatore dell'Universo, Cristo il re della città ed io, in quella città, il viceré di Cristo. Perciò al popolo atterrito dalle sventure da me annunziate dissi che per sottrarsi ai castighi che si preparavano non v'era che una strada sola: la conversione perfetta alle divine leggi, il rigetto delle vanità e dei sollazzi mondani, il ritorno alla purezza cristiana. E siccome di tali rimedi ero io il vero somministratore in quella città potei, per alcuni anni, esercitarvi un potere quale non avevano avuto neanche i miei predecessori, mercanti arricchiti che parlavano a nome dell'uomo mentre io parlavo a nome di ben più potente Signore: in nome di Dio.

Bada, però, ch'io non ero, in quella predicazione, ipocrita e simulatore, come taluno disse. Io credevo fermamente che la parola di Dio era parola di verità e la sua legge la vera legge. Ma di più presumevo che Dio mi ispirasse a somiglianza di quei suoi profeti antichissimi e che perciò io potevo antivedere con certezza e stornare con autorità i castighi che si preparavano per la mia patria. Solo in questa parte vi fu abuso e presunzione da par-

bis hin zu den Dichtern und Philosophen. Da ich weder Lanzen noch Münzen hatte, um mich der Stadt zu bemächtigen, gebrauchte ich noch sicherere Waffen: Weissagung und Schrecken. Ich war zwar ein harmlos wirkender Prophet, doch als echte, zumindest für eine gewisse Zeit siegreiche Waffen dienten mir meine gewaltigen und überzeugenden Voraussagen von Unheil, Unglück und Tränen. Man sagte, ich sei der Gegenspieler des damals in Florenz herrschenden Magnifico gewesen, doch in Wirklichkeit wollte ich mehr sein als Gegenspieler, ich wollte sein Nachfolger in der Herrschaft sein, und das wurde ich auch. Nicht in meinem Namen sprach ich, sondern im Namen Gottes. Gott war der Kaiser des Universums, Christus der König der Stadt, und ich war darin der Vizekönig Christi. Deswegen sagte ich zu dem durch mein vorhergesagtes Unheil erschreckten Volk, dass es nur einen einzigen Weg gebe, den herannahenden Strafen zu entgehen: sich den göttlichen Gesetzen ganz und gar zu unterwerfen, den Eitelkeiten und weltlichen Freuden zu entsagen und zur alten christlichen Reinheit zurückzukehren. Da in dieser Stadt ich der wahre Verabreicher solcher Mittel war, konnte ich dort einige Jahre eine Macht ausüben, wie sie meine Vorgänger nicht besessen hatten: Sie waren reich gewordene Kaufleute gewesen, die im Namen von Menschen sprachen, während ich im Namen des viel mächtigeren Herrn sprach, im Namen Gottes.

Bedenke jedoch, dass ich bei dieser Predigt weder heuchelte noch täuschte, wie so mancher sagte. Ich glaubte fest daran, das Wort Gottes sei das Wort der Wahrheit und sein Gesetz das wahre Gesetz. Aber noch mehr bildete ich mir ein, Gott habe mich beseelt wie seine uralten Propheten, und ich könne deshalb die meiner Heimat bevorstehenden Strafen mit Gewissheit vorhersehen und mit Autorität abwenden. Nur darin bestand mein Missbrauch und meine Überheblichkeit, nicht in Täuschung; ich glaubte ja mit ganzer Seele an das, was ich

te mia, non inganno, però, ch'io credevo con tutta l'anima a quel che dicevo. Ma riconosco ora che a questo mio credere fermamente nelle mie virtù profetiche e politiche mi spingeva segretamente quella brama di dominio che ho confessato in principio. S'io fossi stato più cristiano, cioè spoglio di ogni desiderio di potenza terrena e inclinato all'umanità, ben diversa sarebbe stata la mia vita e la mia sorte. Ma trasportato dal prepotente stimolo di essere il padrone e reggitore – sia pure in nome di Cristo – d'una città m'illusi che in pochi anni si potesse ridurre a vita pia e pura un popolo avvezzo al lucro, al lusso, all'arte, al piacere. Ci sarebbe voluto un santo e santo non ero e per ciò, dopo breve trionfo, l'impresa fallì e fui vinto. Avevo fatto bruciare le vanità ma tra quelle vanità era anche la bellezza e la sapienza e di quella colpa contro lo spirito fui punito anch'io col fuoco.

Riuscì anche a me di farmi principe ma come gli altri principi nuovi finivano, di solito, sotto il ferro dei congiurati io, benché principe cristiano, finii la vita tra quelle fiamme che tante volte avevo minacciato alla città peccatrice. E la mia speranza è tutta in Colui che, pur con troppo orgoglio, volli servire.

sagte. Aber ich muss nun bekennen, dass es dieser bereits zu Anfang gebeichtete Drang nach Macht war, der mich insgeheim zu diesem festen Glauben an meine prophetischen und politischen Gaben trieb. Wäre ich ein besserer Christ gewesen, das heißt ohne jeglichen Wunsch nach irdischer Macht, und hätte ich mehr zur Menschlichkeit geneigt, dann wären mein Leben und mein Schicksal ganz anders verlaufen. Aber geleitet von dem übermächtigen Reiz, Herr und Lenker einer Stadt zu sein – wenn auch im Namen Christi – war ich der trügerischen Ansicht, ein an Gewinn, Luxus, Kunst und Vergnügen gewöhntes Volk in wenigen Jahren zu einem frommen und reinen Leben zurückführen zu können. Dazu hätte es eines Heiligen bedurft, doch ein Heiliger war ich nicht, und deswegen scheiterte das Unternehmen nach einem kurzen Triumph, und ich wurde besiegt. Ich hatte die Eitelkeiten verbrennen lassen, aber unter diesen Eitelkeiten befanden sich auch die Schönheit und die Weisheit, und für diese Sünde gegen den Geist wurde auch ich mit dem Feuer bestraft.

Auch mir war es also gelungen, ein Fürst zu werden. Während die anderen neuen Fürsten üblicherweise durch den Dolch von Verschwörern starben, endete mein Leben, obwohl ich ein christlicher Fürst war, in jenen Flammen, mit denen ich so oft der sündigen Stadt gedroht hatte. Meine ganze Hoffnung setze ich auf den, dem ich, wenn auch mit allzu viel Hochmut, dienen wollte.

Pico della Mirandola

ANGELO

La tua insaziabil sete di conoscere e di comprendere inebriò la tua gioventù e ti fece smarrire nei labirinti di scienze troppo ambiziose e pericolose, propizie a quella superbia che conduce a Satana più facilmente che a Dio.

C'era in te sincera volontà di luce come dimostrò il tuo risveglio degli ultimi anni, quando divinamente parlasti dei divini misteri, ma forse il veleno che ti tolse all'ammirazione del mondo tolse a te di salire là dove la tua mente era rivolta e di cancellare ogni vestigio della tua presunzione. Oggi puoi dire quegli ultimi pensieri che la morte fermò nel tuo nobilissimo spirito.

PICO DELLA MIRANDOLA

Grazie, gentile immagine del Dio verace, per le tue parole e per il tuo invito. A ragione parlasti di gioventù: quella bramosia di universale sapere che mi dette lunga fama sulla terra non fu che la gran fiammata del mio orgoglio di adolescente e di giovan signore. V'era, anche in quella, un segno della vocazione suprema della mia vita – l'omnisapienza non è forse uno dei primi attributi di Dio? – ma quel fuoco non era soltanto fuoco d'amor puro. V'era giovanile impazienza, frettolosa infatuazione, attrazione del mistero e soprattutto ventate di vanagloria.

Ma il vero fine di tutto il mio pensiero, di tutte le mie fatiche, di tutta la mia vita era di ricondurre l'uomo a Dio, di restituire all'uomo la sua divina

Giovanni Pico della Mirandola, 1463–1494, Vordenker des christlichen Humanismus, als ketzerischer Autor verfolgt, fand Zuflucht bei Lorenzo dem Prächtigen.

ENGEL

Dein unstillbarer Durst, zu erkennen und zu verstehen, berauschte dich in deiner Jugend und ließ dich in die Irre gehen im Labyrinth der allzu ehrgeizigen und gefährlichen Wissenschaften, die jenen Hochmut begünstigen, der leichter zu Satan als zu Gott führt.

In dir gab es den ehrlichen Willen nach Licht, wie deine Erweckung in den letzten Lebensjahren bewies, als du göttlich von den göttlichen Mysterien sprachst. Doch vielleicht hinderte dich das Gift, das dich der Bewunderung der Welt entzog, dort hinauf zu steigen, wohin dein Geist sich gewendet hatte, und nahm dir die Möglichkeit, jeden Rest deines Hochmuts zu tilgen. Heute kannst du die letzten Gedanken äußern, die der Tod in deinem edlen Geiste stillstehen ließ.

PICO DELLA MIRANDOLA

Danke, du liebenswürdiges Bild des wahren Gottes, für deine Worte und deine Aufforderung. Mit Recht sprachst du über meine Jugendzeit: Die Gier nach allumfassendem Wissen, die mir auf Erden anhaltenden Ruhm bescherte, war nur das große Aufflammen des Stolzes in mir Jüngling und jungem Mann. Darin zeigte sich auch die höchste Berufung meines Lebens – ist nicht Allwissen eine der ersten Eigenschaften Gottes? Doch dieses Feuer war nicht nur ein Feuer der reinen Liebe. Es war jugendliche Ungeduld, flüchtige Schwärmerei, Verlockung durch das Geheimnis und vor allem eine Anwandlung eitler Ruhmsucht.

Das wahre Ziel all meiner Gedanken, all meiner Mühen, meines ganzen Lebens war es, den Menschen zu Gott zurückzuführen, dem Menschen seine göttliche Prägung wiederzu-

impronta, di ricondurlo alla sua divina origine, alla sua primordiale divina natura. Sognai di essere, insomma, il riconciliatore del divino e dell'umano, il riconciliatore perfetto della creatura col suo Creatore, di Adamo con Cristo.

Nacqui, come tu sai, signore di Concordia e il nome di questo mio dominio fu il motto di tutta l'opera mia. Io volli portare dovunque, nel mondo del pensiero, perfetta concordia perché gli uomini, a parer mio, non avrebbero potuto riconquistare la propria originaria divinità finché tutte le menti non fossero unite in una comune e sicura certezza intellettuale. La disputa divide, separa, svia ed abbassa. Perciò tentai di conciliare Cristanesimo e Giudaismo; filosofia e fede, misticismo e magìa, teologia e cabala, Platone e Aristotele, Agostino e Tommaso, Oriente e Occidente. In tutte le gocce dell'arcobaleno v'è un riflesso dell'indivisibile splendore divino, e cosi in tutte le idee degli uomini poteva e doveva esserci un atomo del frantumato assoluto.

L'uomo era, ai miei occhi, il mediatore predestinato tra il basso e l'alto mondo perché mi appariva un compendio di tutti gli ordini dell'universo; una delle più grandi opere di Dio e perciò destinata, chiamata, aiutata a riunirsi col suo autore.

Nella storia dell'uomo si presentarono due tentazioni simili e opposte. Al felice Adamo la tentazione d'esser simile agli Dei; all'uomo caduto di tornare a indiarsi. Il serpente e il Crocifisso fecero a noi una medesima proposta: sarete come Dei. Ma tra le due tentazioni è un abisso.

Satana voleva che l'uomo diventasse rivale di

geben, ihn zu seinem göttlichen Ursprung zurückzubringen, zu seiner ursprünglichen göttlichen Natur. Ich träumte also davon, der Versöhner des Göttlichen mit dem Menschlichen zu sein, der vollkommene Versöhner des Geschöpfes mit seinem Schöpfer, der Versöhner Adams mit Christus.

Wie du weißt, war ich als Graf Concordia geboren, und der Name dieses meines Besitzes war das Motto meines gesamten Werkes. Ich wollte überall in die Gedankenwelt die vollkommene Eintracht einbringen, weil die Menschen meiner Meinung nach die eigene ursprüngliche Göttlichkeit nicht zurückgewinnen konnten, solange nicht alle Geister in einer gemeinsamen und sicheren intellektuellen Gewissheit vereint waren. Das Streiten teilt, trennt, lenkt ab und erniedrigt. Deshalb versuchte ich Christentum mit Judentum zu versöhnen, Philosophie mit Glauben, Mystik mit Magie, Theologie mit Kabbala, Platon mit Aristoteles, Augustinus mit Thomas und Orient mit Okzident. In allen Tropfen des Regenbogens ist ein Widerschein des unteilbaren göttlichen Glanzes, und so konnte und musste in allen Gedanken der Menschen ein Atom des zersplitterten Absoluten sein.

Der Mensch war in meinen Augen der von der Vorsehung bestimmte Vermittler zwischen der unteren und der oberen Welt, denn er schien mir eine Mischung aus allen Bereichen des Universums zu sein, eines der größten Werke Gottes und daher dazu bestimmt und berufen – dank der ihm gewährten Hilfe –, sich mit seinem Schöpfer zu vereinen.

In der Geschichte des Menschen kamen zwei Versuchungen ähnlicher und gegensätzlicher Art vor. Dem glücklichen Adam die Versuchung, den Göttern ähnlich zu sein; dem gefallenen Menschen, sich wieder in Gott zu versenken. Die Schlange und der Gekreuzigte haben uns denselben Vorschlag gemacht: Ihr werdet sein wie Götter. Doch zwischen den beiden Versuchungen liegt ein Abgrund.

Satan wollte, dass der Mensch durch Ungehorsamkeit

Dio attraverso la disubbidienza e l'orgoglio; Cristo voleva che ridiventasse figlio di Dio attraverso il sacrificio e l'amore.

O tracotante scimmia di Dio o favilla del sole divino. Io non seppi distinguere bene, nei primi tempi, tra l'uno e l'altro sentiero.

Nella filosofia vedevo la conquista dell'omnisapienza, nella magia l'avviamento all'omnipotenza, nella fede e nell'estasi i gradini all'unione con Dio. Il mio sogno era degno e grande, il più sublime che un mortale possa sognare, ma non seppi scegliere il giusto e certo cammino. Ero troppo dotto, troppo filosofante, troppo sofista, troppo ammaliato dall'erudizione e dalla dialettica. Non si giunge a Dio soltanto colle scale di ragnatela dell'intelletto. Quando, tornando dalla prigionia e dall'esilio, mi accorsi dell'errore, m'incamminai su per la salita sicura, sulla via dell'umile abbandono e dell'accesa carità. Ma il veleno di un traditore mi restitui prima ch'io non pensassi al Dio che mi aveva mandato laggiù perché più desiderosamente lo cercassi. Ed ora che tutto è consumato e Dio ha dinanzi a sé i cuori dei viventi nella carne nuova ho speranza che il mio sogno terreno non fosse in tutto mero sogno. Quale preghiera potrò inalzare all'Amato che inseguii con tanta furia nella frascaia delle parole? Già sento nell'anima l'aura della sua presenza e più non chiedo.

und Stolz ein Rivale Gottes würde; Christus wollte, dass der Mensch durch Opfer und Liebe wieder Kind Gottes würde.

Entweder anmaßender Affe Gottes oder Funken der göttlichen Sonne. Zunächst konnte ich zwischen dem einen und dem anderen Weg nicht recht unterscheiden.

In der Philosophie sah ich die Eroberung des Allwissens, in der Magie die Anbahnung zu Allmacht, im Glauben und in der Ekstase die Stufen zur Vereinigung mit Gott. Mein Traum war würdig und groß, der erhabenste, den ein Sterblicher träumen konnte, aber es gelang mir nicht, den richtigen und sicheren Weg zu wählen. Ich war zu gebildet, zu philosophisch, zu sophistisch, allzusehr verzaubert von Gelehrsamkeit und Dialektik. Über die spinnwebenähnlichen Stufen des Intellekts allein, gelangt man nicht zu Gott.
Als ich aus Gefangenschaft und Verbannung zurückkam, erkannte ich den Irrtum, und begab mich auf den Weg des sicheren Aufstiegs, auf den Weg der demütigen Hingabe und der glühenden Barmherzigkeit. Doch das Gift eines Verräters gab mich früher, als ich gedacht hatte, an Gott zurück, der mich hinabgesandt hatte, damit ich ihn mit größerem Verlangen suchte. Jetzt, da alles vollbracht ist, und Gott vor sich die Herzen der Lebenden im neuen Fleisch hat, habe ich die Hoffnung, dass mein irdischer Traum nicht bloßer Traum war. Welches Gebet kann ich empor an den Geliebten richten, den ich im Dickicht meiner Worte mit so viel Heftigkeit verfolgte? Schon fühle ich in meiner Seele die Aura seiner Gegenwart, und mehr erbitte ich nicht.

Giulio II

ANGELO

Disse un re tuo nemico che saresti riuscito meglio imperatore che papa ed è, sotto finzione d'elogio, la più severa accusa che si potesse muovere a un Vicario di Cristo. Il Pontefice doveva essere guida e giudice degli imperatori e non già imitarli nella bramosìa di guerra, di comando e di pompa. Cose grandi vagheggiasti ma fu grandezza, sempre, nell'ordine temporale, tutto umano. E quasi nessuno di quei disegni potesti colorire chè smoderata fu troppo in te la prepotenza del volere rispetto all'effettiva potenza dei mezzi. Con tutta la tua magnanimità e magnificenza perdesti le anime senza acquistar regni.

GIULIO II

Hai detto parole giuste e, per me, dolorose. S'io fossi un di quei pedantuzzi sofisti che usavano nel mio secolo potrei parar l'accusa con scaltre cavillazioni tirate dall'Evangelo. Potrei dirti che Cristo affermò ch'era venuto a metter guerra e non pace, che il regno dei cieli è dei violenti e che il primo pontefice, il primo suo Vicario, è l'unico discepolo che abbia usato la spada e abbia fatto versar sangue a un nemico. Ma queste non son difese degne di me.

Ti dirò, invece, ch'io ebbi fin dagli anni dell'adolescenza animo fiero e turbolento, smanioso di provar contro gli altri le mie forze. Sognavo tra me farmi condottiero, capitano, forse principe. Ma la modestia delle origini e della mia patria non

Julius II., geboren 1443, Papst von 1503 bis zu seinem Tod 1513, ein großer Förderer der Künste, u. a. Michelangelos, war bestrebt, die weltliche Macht der Kirche zu vergrößern.

ENGEL

Ein dir feindlich gesinnter König sagte, du hättest besser zum Kaiser als zum Papst getaugt, und das ist, unter dem Deckmäntelchen des Lobes, die schlimmste Anschuldigung, die man gegen einen Stellvertreter Christi erheben kann. Der Pontifex soll Lenker und Richter der Kaiser sein und nicht sie nachahmen in ihrer Gier nach Krieg, Befehl und Prunk. Große Dinge schwebten dir vor, doch sie waren von weltlicher, rein menschlicher Größe. Fast keinen dieser Pläne konntest du verwirklichen, denn allzu maßlos überstieg der überhebliche Wille in dir die tatsächliche Macht deiner Mittel. Mit all deiner Großherzigkeit und Herrlichkeit hast du die Seelen verloren, ohne Reiche zu gewinnen.

JULIUS II.

Du hast wahre und für mich schmerzhafte Worte gesprochen. Wäre ich einer der lächerlichen pedantischen Sophisten, die es in meinem Jahrhundert gab, könnte ich der Anklage mit findigen Haarspaltereien aus dem Evangelium entgegnen. Ich könnte darauf hinweisen, dass Christus gesagt hat, er sei gekommen, um den Krieg zu bringen und nicht den Frieden, und dass das Himmelreich den Gewalttätigen gehöre; und darauf, dass der erste Pontifex, sein erster Stellvertreter, gerade jener Apostel war, der das Schwert gebraucht und das Blut eines Feindes vergossen hat. Aber diese Art der Verteidigung ist meiner nicht würdig.

Ich werde dir hingegen sagen, dass ich schon in jungen Jahren eine stolze und stürmische Seele hatte und versessen darauf war, meine Kräfte an anderen zu messen. Insgeheim träumte ich davon, Feldherr, Heerführer, vielleicht

mi concedevano di sperare questa elevazione nel secolo e l'unico appoggio sicuro ch'io mi ritrovassi era uno zio frate, che mi fece ricco vescovo eppoi cardinale. Essendomi vietate le vie che conducono alle corone del secolo mi studiai d'ottenere, pur di regnare, la tiara. L'ebbi tardi, a sessant'anni, ma la vigilia troppo lunga invece di sedare, aveva rinfocato le mie passioni giovanili. Appena fui papa non ebbi altro pensiero che di rendere alla Chiesa la sua potenza e all'Italia la sua libertà ma sol perché questi propositi mi avrebbero dato onesta ragione di condurre eserciti e far campagne. La mia natura bellicosa e cesarea poté, dopo tanta compressione, sfogarsi e satisfarsi. Alla testa dei miei armati entrai a cavallo nelle città conquistate, fui il primo a salire nelle rocche assediate, ebbi a Roma onori trionfali degni di un antico imperatore. Le vittorie non mi quietarono e le sconfitte non mi piegarono. Feci e disfeci leghe e alleanze; ricorrendo alle armi spirituali quando quelle militari non bastavano. Sfidai imperatori e re; benedissi quelli che avevo maledetto; nulla sdegnai, fuor che il veleno, pur di vincere.

Ma quei disegni erano di per sé assurdi. Non si poteva costituire un vasto e potente dominio della Chiesa senza ricorrere a quelle arti e a quei mezzi che l'Evangelo ripudia e anzi condanna. E non era possibile liberar l'Italia dagli stranieri se non ricorrendo ad armi straniere. Io gridavo di voler scacciare dall'Italia i barbari ma le vicende mi forzarono a chiamare via via francesi e spagnoli, svizzeri e tedeschi, sicché lasciai nella mia patria assai più barbari ch'io non ne avessi trovati. E fu giusta pena.

sogar Fürst zu werden. Aber meine bescheidene Herkunft und Heimat erlaubten es mir nicht, auf solch einen Aufstieg in diesem Jahrhundert zu hoffen, und die einzig sichere Stütze war mein Onkel, ein Mönch, der mir dazu verhalf, ein reicher Bischof und dann Kardinal zu werden. Da mir die Wege zu den Kronen des Jahrhunderts versperrt waren, bemühte ich mich, nur um herrschen zu können, um die Tiara. Ich erhielt sie erst spät, mit sechzig Jahren, aber statt meine jugendlichen Leidenschaften zu dämpfen, hatte die lange Wartezeit das Feuer noch mehr entfacht. Kaum war ich Papst, dachte ich nur noch daran, der Kirche ihre Macht und Italien seine Freiheit wiederzugeben. Und zwar nur, weil diese Vorhaben mir einen ehrlichen Grund gaben, Heere zu führen und Feldzüge zu unternehmen. Meine kämpferische und herrschsüchtige Natur konnte sich nach so langer Unterdrückung ausleben und befriedigt werden. An der Spitze meiner Soldaten ritt ich hoch zu Pferd in die eroberten Städte ein, als erster bestieg ich die belagerten Bergfestungen, und in Rom erhielt ich triumphale Ehren, die einem römischen Kaiser angestanden hätten. Siege besänftigten mich nicht, Niederlagen beugten mich nicht. Ich schloss und löste Bündnisse und Allianzen und wenn die militärischen Waffen nicht ausreichten, griff ich zu geistlichen. Ich forderte Kaiser und Könige heraus; ich segnete, die ich verflucht hatte; ich verschmähte kein Mittel, um zu siegen, außer Gift.

All diese Pläne waren schon für sich gesehen absurd. Ohne die vom Evangelium verworfenen, ja sogar verdammten Machenschaften und Mittel konnte eine riesige und mächtige Herrschaft der Kirche einfach nicht aufgebaut werden. Es war nicht möglich, Italien von den Fremden zu befreien, ohne auf fremde Waffen zurückzugreifen. Ich verkündete laut, die Barbaren aus Italien verjagen zu wollen, doch die Ereignisse zwangen mich, nach und nach Franzosen, Spanier, Schweizer und Deutsche zu rufen, so dass ich in meinem Vaterland viel

Un pastore di agnelli che vuol mettersi a fare il guerriero e il monarca non riesce neanche a esser vero Cesare. Il Crocifisso, anche ridotto a spada, mal s'accorda coll'impero.

Mi nocque la senile superbia e ancor più l'animo troppo impetuoso. L'ira mi dominò, non fui soltanto irascibile ma iracondo sempre e perfino iroso.

La passione mia per l'arte fu piuttosto frenesia di magnificenza che amor puro della bellezza. Nasceva, perciò, dall'orgoglio. Nulla mi pareva grande abbastanza per la mia gloria. S'io avessi regnato ancora per molti anni si sarebbe vista la mia sepoltura, mausoleo immane ornato da statue gigantesche campeggiare e troneggiare nel bel mezzo della maggior chiesa della Cristianità. Ma la tomba titanica, che per secoli avrebbe denunziato la mia protervia anche nella morte, non fu compiuta e ora son qui, dopo tante splendidezze e grandezze, come un bruco tremante che non ardisce neppure di chieder perdono al suo Dio.

mehr Barbaren zurückließ, als ich vorgefunden hatte. Das war eine gerechte Strafe. Ein Hirte, der Krieger und Monarch sein möchte, schafft es einfach nicht, ein echter Cäsar zu werden. Das Kruzifix, zum Schwert degradiert, lässt sich schlecht mit Kaisetrtum vereinbaren.

Mein Greisenhochmut und noch mehr mein zügelloses Wesen schadeten mir. Mich beherrschte der Zorn, und ich war nicht nur leicht reizbar, sondern immer aufbrausend, ja sogar jähzornig.

Meine Leidenschaft für die Kunst war mehr eine Sucht nach Prächtigkeit als eine reine Liebe zum Schönen. Sie entsprang wohl meinem Hochmut. Für meinen Ruhm erschien mir nichts groß genug. Hätte ich noch viele Jahre regiert, so hätte man mein Grabmal, ein riesengroßes Mausoleum mit gigantischen Statuen, genau in der Mitte der größten Kirche der Christenheit aufragen und thronen sehen. Aber das titanische Grab, das meine Anmaßung noch im Tod, ja noch jahrhundertelang darüber hinaus angeklagt hätte, wurde nicht vollendet, und hier bin ich nun, nach so viel Herrlichkeit und Prunk, ein zitternder Wurm, der es nicht einmal wagt, seinen Gott um Vergebung zu bitten.

Machiavelli

ANGELO

Da moltissimi fosti creduto consigliatore e istigatore di mali. I tuoi costumi e i tuoi libri fecero credibili le accuse dei tuoi nemici. Finalmente è giunta anche per te l'ora di parlare con aperte parole della tua vita e del tuo animo.

MACHIAVELLI

La sorda e maligna posterità non vide in me che l'autor di libri; di rado l'uomo. Né seppe intender bene questo né quello e giudicare non può chi non intende. Pari alla mia fu la sorte di tutti quegli uomini eccellenti che s'inalzarono sui comuni armenti per singolarità d'ingegno, per novità di concetti e libertà di vita, in modo ch'io non mi stupisco né mi affliggo della umana ingiustizia.

Troppo si affaticarono a dipanare e storcere i miei pensieri politici ma nessuno s'indugiò a indagare l'esser mio e a compiangere il mio doloroso destino. Quel che scrissi non può essere inteso che da coloro che sanno chi fui e come vissi.

Mi sarebbe occorsa piena libertà, cioè un po' di ricchezza, per seguire il mio genio d'artista e invece mi ritrovai sempre a combatter colla povertà né mi tolsero a quella nemica servitù i miseri stipendi dei fiorentini.

Avrei voluto e dovuto comandare, per il bene della mia repubblica e della mia Italia, e invece fui condannato sempre ad uffici subalterni e dovetti

Niccolò Machiavelli, 1469–1527, «Segretario fiorentino», 1512 von den Medici seiner Ämter enthoben und verbannt, schrieb die Geschichte der Stadt Florenz und den «Principe».

ENGEL

Sehr viele haben dich für einen Ratgeber und Anstifter zum Bösen gehalten. Dein Lebenswandel und deine Bücher machten die Anschuldigungen deiner Feinde glaubwürdig. Endlich ist auch für dich die Stunde gekommen, um aufrichtige Worte über dein Leben und deine Seele zu sprechen.

MACHIAVELLI

Die taube und boshafte Nachwelt hat in mir nur den Verfasser von Büchern, selten den Menschen gesehen. Sie verstand weder den einen noch den anderen richtig, und wer nicht versteht, kann nicht urteilen. Ich teilte das Schicksal mit all jenen vortrefflichen Menschen, die herausragen aus der gewöhnlichen Menge dank der Einzigartigkeit ihres Geistes und der Neuheit ihrer freien Denk- und Lebensweise. Ich bin also über die menschliche Ungerechtigkeit weder erstaunt noch betrübt.

Die Leute bemühten sich allzu sehr, meine politischen Gedanken zu entwirren und zu verdrehen, aber niemand hielt sich damit auf, mein Wesen zu erforschen und mein trauriges Schicksal zu bedauern. Was ich schrieb, kann nur von denen verstanden werden, die wissen, wer ich war und wie ich lebte.

Ich hätte volle Unabhängigkeit gebraucht, das heißt etwas Vermögen, um meiner künstlerischen Neigung nachgehen zu können. Statt dessen musste ich immer mit der Armut kämpfen, und auch die schäbige Bezahlung der Florentiner befreite mich nicht aus dieser schlimmen Knechtschaft.

Ich hätte zum Wohle meiner Republik Florenz und meines Heimatlandes Italien befehlen wollen und sollen. Statt dessen wurde ich immer zu untergeordneten Ämtern verdammt

quasi sempre obbedire a quei mediocri che per divino diritto avrebbero dovuto obbedire a me.

Avrei dovuto, per salvare la patria mia, esercitare io medesimo la giustizia e invece la giustizia del mio popolo ingiustamente mi perseguitò sì che a me innocente toccò sopportare il carcere, la tortura e l'esilio.

Nato a regnare per luce d'intelletto mi ritrovai povero, inerme, incompreso, offeso. Tu immagini ora quale opinione dovessi avere degli uomini e quale poteva essere la disposizione dell'animo mio verso di loro. Vidi assai presto che altro non meritavano che d'essere disprezzati e odiati dai pari miei. Disprezzati i più, ch'erano sciocchi e deboli; odiati i meno, ch'erano forti e malvagi.

Fui, nel mio tempo, come un fiero leone caduto per sventura sua in mezzo a una turba immensa di gatti gelosi e rabbiosi, che dopo averlo ingabbiato, approfittando del numero, gli rimproverano di aver gli artigli, dimenticando che ai loro meschini unghielli manca il potere ma non la voglia di nuocere.

Mi rifugiai allora nell'arte, come sfogatoio men pericoloso degli umori, delle fantasie, dei ghiribizzi e dei disegni della mia mente. E siccome fui principalmente, giusta la definizione del Filosofo, un animale politico mi piacque poeteggiare intorno ai fatti e agli stati degli uomini. Non potendo regnare colla saggezza e colla spada vagheggiai di regnare coll'arte e colla parola. E di queste mi valsi per vendicarmi della malignità e bestialità degli uomini. I quali, come provò il Savonarola, non eran capaci di ridursi a convivenza libera e santa neppure colle forze e le verità della religione, poi

und musste fast immer den Mittelmäßigen gehorchen, die nach göttlichem Recht mir hätten gehorchen müssen.

Ich hätte, um mein Vaterland zu retten, selber Recht sprechen müssen. Statt dessen verfolgte mich ungerechterweise die Justiz meines Volkes, so dass ich Unschuldiger Kerker, Folter und Verbannung erleiden musste.

Durch das Licht meines Geistes zum Herrschen geboren, endete ich statt dessen arm, wehrlos, unverstanden und gekränkt. Du kannst dir jetzt vorstellen, welche Meinung ich von den Menschen haben musste und in welcher Gemütsverfassung ich mich ihnen gegenüber befinden konnte. Ich erkannte sehr bald, dass sie nichts anderes verdienten, als von meinesgleichen verachtet und gehasst zu werden. Die meisten verachtet, denn sie waren dumm und schwach; die wenigeren gehasst, wenn sie stark und niederträchtig waren.

Ich war zu meiner Zeit wie ein stolzer Löwe, der zu seinem Unglück mitten in eine riesige Schar eifersüchtiger und rasender Katzen gefallen war, die, nachdem sie ihn in einen Käfig eingesperrt hatten, ihre Übermacht ausnutzten und ihm vorwarfen, Krallen zu haben, wobei sie vergaßen, dass ihren armseligen kleinen Krallen zwar die Stärke fehlte, aber nicht die Lust zu schaden.

Ich flüchtete mich also in die Kunst, bei der ich meine Launen, Phantasien, Grillen und Vorstellungen auf weniger gefährliche Weise ausleben konnte. Und da ich – die Definition des Philosophen ist richtig – ein politisches Lebewesen war, gefiel es mir, mich über die Geschehnisse und Zustände der Menschen dichterisch zu äußern. Weil ich nicht mit Weisheit und mit dem Schwert herrschen konnte, sehnte ich mich danach, mit der Kunst und mit dem Wort zu herrschen. Derer bediente ich mich, um mich für die Bosheit und die Grausamkeit der Menschen zu rächen, die zu einem freien, ehrlichen Zusammenleben nicht fähig waren, nicht einmal durch die Kraft und die Wahrheit der Religion, denn sie kreuzigen und

che essi crocifiggono o bruciano i profeti disarmati. E neppure si acconciano a vivere in pace e giustizia sotto le leggi d'una ben ordinata repubblica, perché in essa converrebbe rinunziare alla cupidità di ricchezze e di dominio. Le società sante e buone non durano, dunque, perché non sanno né voglion essere uomini di fede e neanche uomini dabbene. Poiché l'ingrata e perversa natura loro vietava la felicità di una cristiana o civile concordia meritavano dunque un castigo, un acerbo ma giusto castigo, cioè un padrone astuto e risoluto che li pieghi a suo talento e non risparmi sferza o ferro per mantenere lo stato suo. Creature amorevoli e nobili meriterebbero pace con libertà; ma poiché quasi tutti gli uomini eran belve infingarde e ingorde conveniva darle in mano a chi sa domare e intimorire le fiere. Un tal punitore immaginai e descrissi nel mio *Principe*, figlio della mia immaginazione e della mia tristezza e anche, lo confesso, della mia volontà di vendetta. Ma in esso non volli scrivere, come tanti pensarono, un ricettario per i despoti e i tiranni bensì una sorta d'inusitato poema storico. Il *Principe* fu opera d'arte non di scienza politica. Omero aveva creato in Ulisse il modello del guerriero sapiente, Virgilio in Enea il modello del pio capitano; io volli creare il modello ideale del principe vendicatore. Non gli detti un nome forse questa fu la cagione che trasse molti mi inganno, facendo apparire trattato di politica quel ch'era soltanto figurazione d'arte e quasi poetica scultura.

E poiché gli uomini seguitarono ad essere, anche dopo la mia morte, bestie ingrate e riottose, ebbe pieno effetto la mia vendetta postuma contro co-

verbrennen wehrlose Propheten, wie man an Savonarola sah. Sie finden sich auch nicht damit ab, in Frieden und Gerechtigkeit und nach den Gesetzen einer wohlgeordneten Republik zu leben, denn sie müssten in ihr auf ihre Gier nach Reichtum und Herrschaft verzichten. Eine ehrliche und gute Gesellschaft ist nicht von Dauer, denn die Menschen können und wollen nicht gläubig, nicht einmal rechtschaffen sein. Da ihre undankbare und verderbte Natur sie an der Glückseligkeit einer christlichen oder bürgerlichen Eintracht hinderte, verdienten sie also Strafe, eine bittere aber gerechte Strafe, das heißt, einen gerissenen und zupackenden Herrn, der sie nach seinem Willen zurechtbiegt und mit Peitsche und Eisen nicht spart, um seinen Staat zu erhalten. Liebevolle, edle Geschöpfe hätten Frieden in Freiheit verdient; da aber fast alle Menschen träge, gefräßige Raubtiere waren, musste man sie demjenigen anvertrauen, der es verstand, wilde Tiere zu bändigen und einzuschüchtern. Solch einen strafenden Herrscher stellte ich mir vor und beschrieb ich in meinem *Principe*, Frucht meiner Phantasie und meiner Trauer, und ich gestehe es, meiner Rachsucht. Aber darin wollte ich nicht, wie viele dachten, ein Rezept für Despoten und Tyrannen schreiben, sondern eine Art ungewöhnlicher historischer Dichtung. Der *Principe* war ein Kunstwerk, nicht ein Werk politischer Wissenschaften. Homer hatte in Odysseus das Vorbild des weisen Kriegers geschaffen; Vergil in Äneas das Vorbild des frommen Heerführers; ich wollte das Idealbild des rächenden Fürsten schaffen. Ich gab ihm keinen Namen; vielleicht war das der Grund, warum viele sich täuschen ließen und das Buch für einen politischen Traktat hielten, während es doch nur eine künstlerische Darstellung und gewissermaßen ein dichterisches Werk sein sollte.

Da die Menschen auch nach meinem Tod weiterhin undankbare und streitsüchtige Bestien blieben, hat meine nachträgliche Rache ihre volle Wirkung gegenüber denen getan,

loro che non mi avevan né conosciuto né riconosciuto né ricompensato né compreso. Il mio principe, anche se avversato e biasimato a parole, fu imitato da molti, come avveniva allora degli eroi dei poemi umani e il sacrificato re senza corona, cioè l'autore del poema, regnò sulle menti dei figli e dei nipoti di coloro che l'avevano disprezzato.

Questo compiacimento della vendetta, che ancor oggi non è tutto morto in me, fu la massima colpa della mia vita. Un così ostinato rancore non è certo degno di un cristiano benché io ricordi d'aver letto che anche a Dio piacque, talvolta, vendicare le offese angeliche e umane. Mi sia di scusa a tal peccato l'inimicizia della fortuna, l'ingiustizia degli uomini e l'infelicità della mia vita.

die mich weder gekannt noch anerkannt noch mir gedankt noch mich verstanden hatten. Obwohl mein Principe mit Worten angefeindet und missbilligt wurde, haben ihn doch viele nachgeahmt, wie es damals bei Helden aus Dichtungen geschah, und der König ohne Krone, der nicht hochkommen durfte, das heißt, der Autor der Dichtung, beherrschte den Geist der Söhne und Enkel derer, die ihn verachtet hatten.

Die Genugtuung der Rache, die noch heute in mir nicht ganz abgestorben ist, war die größte Schuld meines Lebens. Ein so hartnäckiger Groll ist eines Christen gewiss nicht würdig. Allerdings erinnere ich mich, gelesen zu haben, dass es auch Gott zuweilen gefiel, für Kränkungen von Engeln und Menschen Rache zu nehmen. Als Rechtfertigung für eine solche Sünde möge die Feindseligkeit des Glücks, die Ungerechtigkeit der Menschen und die Unglückseligkeit meines Lebens gelten.

Sandro Botticelli

Tutta la mia vita spesi nel disegnare e dipingere, non tanto per necessità di guadagno quanto per soddisfacimento dell'animo mio. Le opere di mia mano furono anche troppo laudate dagli uomini de' miei tempi e da quelli che vennero dopo ma nessuno, credo, seppe e intese il mio interno tormento, dovuto in parte alle condizioni de' tempi, in parte ancor maggiore a colpa tutta mia, e di questa mi vorrei con umiltà confessare.

A somiglianza di quelli che si davano all'arte fui sommamente attratto dall'esterior bellezza delle cose e delle creature e tale amore delle apparenze leggiadre mi discostò, più ch'io non volessi e sapessi, dalla contemplazione delle cose e delle persone divine. Amavo la terra più che non adorassi Dio.

È bensì vero che la terra era opera di Dio e che ritraendo le immagini terrene potevo credere di manifestare meglio la gloria di Dio mirabilmente riflessa in tutte le parti del creato. Accadde a me quello stesso che a molti artefici del mio tempo, che per immoderato affetto alle forrne dimenticarono spesso l'autore di quelle e la legge che aveva istituito per la salute degli uomini.

Per esser breve dirò che io, pur essendo cristiano, sentii ed operai come se fossi nato pagano. Il diletto dei sensi e il capriccio della fantasia soverchiò troppo spesso, anche nelle mie pitture, il pensiero dell'anima e dell'eternità. La soavità sensuale di un volto di giovane o di donna, la mollezza delle carni e la grazia delle movenze dei corpi, il grato colore d'una

Sandro Botticelli (eigentlich Alessandro Filipepi), 1445–1510, Maler, Schüler des Fra Filippo Lippi, illustrierte im Auftrag der Medici die Göttliche Komödie.

Mein ganzes Leben verbrachte ich mit Zeichnen und Malen, nicht so sehr aus der Notwendigkeit, etwas zu verdienen, sondern um meine Seele zu befriedigen. Meine Werke wurden ja von meinen Zeitgenossen und der Nachwelt überaus hoch gerühmt, doch keiner, glaube ich, kannte und verstand meine innere Qual, die zum Teil von den Zeitumständen, zum größeren Teil aber allein von mir selber verschuldet war. Das möchte ich in Demut beichten.

Ähnlich wie alle, die sich der Kunst widmeten, wurde ich besonders stark von der äußeren Schönheit der Dinge und der Geschöpfe angezogen, und diese Liebe zu anmutigen Erscheinungen entfernte mich, mehr als ich wollte und bemerkte, von der Anschauung der Dinge und der göttlichen Gestalten. Ich liebte die Erde mehr, als ich Gott anbetete.

Gewiss war die Erde das Werk Gottes, und ich meinte mit meiner Darstellung irdischer Bilder die in allen Teilen der Schöpfung wunderbar widergespiegelte Herrlichkeit Gottes besser offenbaren zu können. Mir erging es wie vielen Künstlern meiner Zeit, die wegen ihrer maßlosen Liebe zu den Formen oft deren Schöpfer und das zum Wohle der Menschen gemachte Gesetz vergaßen.

Kurz gesagt, obwohl ich Christ war, fühlte und wirkte ich, als wäre ich als Heide geboren. Die Lust der Sinne und die Laune der Phantasie unterdrückten auch in meinen Bildern nur allzu oft den Gedanken an die Seele und an die Ewigkeit. Die sinnliche Zartheit des Gesichts eines Jünglings oder einer Frau, die Weichheit des Fleisches und die Anmut der Bewegungen der Körper, die wohltuende Farbe eines Gewandes oder eines Geschmeides, die Lieblichkeit einer Land-

veste o d'un monile, la vaghezza d'un paese e di un'invenzione, la ben pareggiata armonia delle figure e de' loro atteggiamenti, attiravano e commovevano la mia mente fuor di modo, rapivano tutto il mio essere con una potenza che non so rappresentare in parole. Erano i tempi in cui si scoprivano e si risuscitavano i capolavori antichi e parevano, dopo la notte gotica, uniti a una vita più serena, più ricca, più felice. Turbavano i sogni dei giovani, eran tentazione ai più forti. Quell'aureo splendore vinse anche me e mi divise da me stesso. Pensai che la vera destinazione dell'artista consistesse nel rivelare ai malveggenti l'inestimabile bellezza del mondo. Mi pareva, anche questo, atto di carità, come quello che mirava ad accrescere non solamente la gioia degli uomini ma anche la gratitudine verso Colui che tanta bellezza aveva donato.

Negli ultimi anni della vita, quando l'infermità e l'aspettazione della morte fecero scoprir meglio me stesso a me stesso, riconobbi che nel mio lavoro avevo cercato piuttosto il piacere dei sensi che l'illuminazione dello spirito. Mi accorsi allora che avevo servito Satana persuadendomi di aver servito Cristo, e che in luogo di affisar sempre l'occhio al fine ultimo m'ero incantato e gloriato nell'accarezzar ciò che avrebbe dovuto esser soltanto il mezzo e il cammino.

Vi furono in me due anime: una che tendeva al cielo, un'altra tutta terrestre, che troppo volentieri si abbandonava alla mondana letizia. La poesia di Dante e le prediche del Savonarola mi davano ali e voglia per ascendere in alto, nei regni che Dio destinava al cristiani; ma la vista delle antiche glorie e i versi del Poliziano mi riconducevano giù, dove

schaft und einer Komposition, die ausgewogene Harmonie der Figuren und ihrer Haltungen, zogen meinen Geist an und rührten ihn über die Maßen, sie verzauberten mein ganzes Wesen mit einer Macht, die ich nicht in Worte fassen kann. Es war die Zeit, in der man die Meisterwerke der Antike entdeckte und wieder aufleben ließ, die nach der gotischen Nacht nun mit einem froheren, reicheren und glücklicheren Leben einherzugehen schienen. Sie bewegten die Träume der Jungen und waren selbst für die Stärksten eine Versuchung. Auch mich bezwang dieser goldene Glanz, und er trennte mich von mir selbst. Ich glaubte, die wahre Bestimmung des Künstlers bestehe darin, die unschätzbare Schönheit der Welt denen zu offenbaren, die sie nicht selber erkennen. Ich hielt das auch für einen Akt der Liebe, wie alles, was danach trachtete, nicht nur die Freude der Menschen, sondern auch die Dankbarkeit gegenüber dem zu vergrößern, der so viel Schönheit geschenkt hatte.

In den letzten Jahren meines Lebens, als Krankheit und Warten auf den Tod mich besser mein Selbst verstehen ließen, erkannte ich, dass ich in meinem Werk eher die Lust der Sinne, als die Erleuchtung des Geistes gesucht hatte. Damals wurde mir bewusst, dass ich dem Satan gedient hatte, während ich der Überzeugung gewesen war, Christus zu dienen. Statt meinen Blick stets auf das letzte Ziel zu richten, hatte ich mich dem überlassen, was nur Mittel und Weg hätte sein dürfen, und mich daran ergötzt und erfreut.

Zwei Seelen waren in mir: die eine neigte zum Himmel, die andere, ganz und gar irdische, gab sich allzu gerne den weltlichen Vergnügungen hin. Dantes Dichtung und Savonarolas Predigten verliehen mir Flügel und weckten den Wunsch, aufzusteigen in die Reiche, die Gott für Christen bestimmt hat, doch der Anblick der antiken Glorien und die Verse des Poliziano führten mich wieder dort hinab, wo

le dolcezze del vedere, del vivere, del godere in maniera tutta umana mi allontanavano dalla preghiera e dalla penitenza, facevan di me un uomo per il quale Cristo non fosse venuto o fosse morto invano.

Questa fu la guerra che si combatté nella mia anima per quanto durò il mio viaggio dalla nascita alla morte. Erano dinanzi al mio sguardo due monti: l'Olimpo e il Golgota. Sorridevano a me due sorrisi: il sorriso di Venere e il sorriso della Vergine. Due divinità mi signoreggiavano: Apollo, signor delle Muse; Cristo, signore degli angeli e dei beati. I miei pennelli dipinsero con egual diligente accarezzamento, satiri e santi, fauni e cherubini, Maria col divino figlio e la Primavera con le sue ninfe. Ma un uomo che coloriva lietamente le nudità di Venere era degno di far tralucere la castità della Sposa dello Spirito Santo? Chi si ravvoltava nella corporeità pagana poteva ascendere alla purezza cristiana? Non era forse voler servire due padroni e tradirli ambedue? Non era contaminazione e quasi sacrilegio?

Se nelle mie Veneri era alcunché della malinconia della Vergine, le mie Vergini non erano né potevano essere in tutto verginali: somigliavan troppo, difatti, alle donne di carne che vedevo e ammiravo nella mia città.

Non volli esser troppo pagano ma non seppi esser troppo cristiano. Dimenticai più d'una volta che la pittura doveva esser come l'altre arti, a servizio della gloria di Dio e della salvezza dei suoi figlioli, non gioco di linee e di tinte per la dilettazione lasciva dei peccatori. Questa fu la mia battaglia, questa la mia sconfitta, questa la mia colpa. Quando, negli anni ultimi, sopravvenne la conversione e il pentimento era troppo tardi. Anch'io, come tanti di quell'età di-

die Freuden des Sehens und Erlebens, der rein menschliche Genuss mich von Gebet und Buße abhielten, und aus mir einen Menschen machten, für den Christus nicht gekommen oder für den er vergebens gestorben wäre.

Dies war der auf meiner Lebensreise von der Geburt bis zum Tode andauernde Kampf in meiner Seele. Ich hatte zwei Berge vor Augen: den Olymp und Golgatha. Zweierlei Lächeln lächelte mir zu: das Lächeln der Venus und das Lächeln der Heiligen Jungfrau. Zwei Gottheiten beherrschten mich: Apoll, der Herr der Musen, und Christus, der Herr der Engel und der Seligen. Meine Pinsel malten mit derselben eifrigen Liebkosung Satyrn und Heilige, Faune und Cherubim, Maria mit dem göttlichen Sohn und den «Frühling» mit seinen Nymphen. Ein Mensch, der heiteren Sinnes der Nacktheit der Venus Farben verlieh, war er es würdig, die Keuschheit der Braut des Heiligen Geistes hindurchscheinen zu lassen? Konnte einer, der sich in heidnische Körperlichkeit hüllt, zur christlichen Reinheit aufsteigen? Wollte er vielleicht Diener zweier Herren sein und hat beide verraten? War es nicht Beschmutzung, geradezu ein Sakrileg?

Wenn in meinen Venusgestalten zuweilen der wehmütige Ernst der Heiligen Jungfrau zu finden war, dann waren meine Heiligen Jungfrauen nicht ganz jungfräulich, und konnten es auch nicht sein, denn sie ähnelten tatsächlich zu sehr den Frauen aus Fleisch und Blut, die ich in meiner Stadt sah und bewunderte.

Ich wollte nicht zu heidnisch sein, aber ich konnte auch nicht zu christlich sein. Mehr als einmal vergaß ich, dass die Malerei wie die anderen Künste der Lobpreisung Gottes und der Errettung seiner Kinder dient und nicht ein Spiel von Linien und Farben zur lüsternen Ergötzung von Sündern sein darf. Das war mein Kampf, das war meine Niederlage, das war meine Schuld. Als mich in den letzten Jahren Bekehrung und Reue überkamen, war es zu spät. Ich war wie

visa e perversa, avevo ceduto alle tentazioni della vanità, avevo servito due padroni, avevo troppo sovente legato l'amor sacro all'amor profano, avevo tradito il Creatore e il Redentore per andar dietro al principe di questo mondo.

Molti pregarono dinanzi alle mie divine Madri incoronate ma taluni, temo, furon sedotti dall'aura ambigua delle mie Veneri e dei miei efebi e da queste mie opere incitati a pensieri peccaminosi.

Non aver avuto la forza di superar vittoriosamente l'interno contrasto tra Cristo e Lucifero fu la mia colpa, colpa vergognosa ma forse unica. Vorrà l'Onnipotente, solo per questa, ch'io vada confuso tra i maledetti?

so viele dieses gespaltenen und verderbten Zeitalters den Versuchungen der Eitelkeit erlegen, hatte allzu oft die heilige Liebe mit der irdischen Liebe verknüpft, war dem Schöpfer und Erlöser untreu geworden, um dem Fürsten dieser Welt zu folgen.

Viele beteten vor meinen Bildern der gekrönten, göttlichen Mutter Gottes, aber einige, fürchte ich, wurden von der zweideutigen Aura meiner Venusgestalten und meiner Epheben verführt und von diesen Werken zu sündhaften Gedanken verleitet.

Nicht die Kraft besessen zu haben, den inneren Zwiespalt zwischen Christus und Luzifer siegreich zu überwinden, das war meine Schuld, eine schändliche, aber vielleicht die einzige Schuld. Wird der Allmächtige wollen, dass ich einzig und allein dafür unter den Verdammten ende?

Pietro Aretino

ANGELO

Tu che pretendevi insegnare a un pittore dell'età tua come si dovesse figurare l'ultimo giudizio sei ora chiamato a rispondere dei peccati commessi dalla tua penna e dalla tua lingua. Del corpo tuo ti servisti sol per godere; dell'ingegno sol per mordere o adulare. Se fosti, talvolta, il flagello dei principi fosti pure, e più spesso, il turibolo dei potenti e l'afrodisiaco dei fornicatori.

Parla, se vuoi, ma sii breve e tralascia le lungaggini della tua verbosa rettorica.

PIETRO ARETINO

Ti obbedisco. Non voglio dissimulare né scusare le mie colpe ma soltanto mostrarne il principio. Vissi in un tempo nel quale, più che in altri, sol contava la forza e l'inganno e tutti volevan godere e regnare. Benché io fossi un bastardo di poche sostanze e di pochi studi deliberai di voler esser tra coloro che godevano e regnavano. E per tale conquista scelsi, in luogo della spada, la penna.

Mi accorsi presto che la maggior parte degli uomini non erano che animali vanitosi, paurosi e ipocriti e che sarebbe stato agevole esser da loro nutricato e onorato se avessi saputo, colla forza delle parole, carezzarli e spaventarli. Le passioni dominanti di codesti animali mi apparvero l'orgoglio e la lussuria e di queste passioni mi giovai per dominarli. Colle zannate e gl'incensamenti feci miei tributari principi e ricchi; coi libri sui

Pietro Arentino, 1492–1556, Schriftsteller, war gefürchtet wegen seiner scharfen Zunge. Die Großen der Zeit waren bestrebt, sich mit ihm gut zu stellen.

ENGEL

Du hast dir angemaßt, einem Maler deiner Zeit zu zeigen, wie man das Jüngste Gericht darstellen sollte. Jetzt bist du aufgerufen, dich für die mit deiner Feder und deiner Zunge begangenen Sünden zu verantworten. Du gebrauchtest deinen Leib nur zur Lust, deinen Geist nur zu Bissigkeit oder Schmeichelei. Wohl warst du zuweilen die Geißel der Fürsten, doch du warst auch, und zwar öfter, das Weihrauchfass der Mächtigen und das Aphrodisiakum der Wollüstigen.

Sprich, wenn du willst, aber fasse dich kurz und unterlasse die Weitschweifigkeit deiner wortreichen Redekunst.

PIETRO ARETINO

Ich gehorche dir. Ich möchte meine Sünden weder verbergen noch entschuldigen, sondern nur ihre Ursache erklären. Ich lebte zu einer Zeit, in der mehr als in anderen Zeiten nur Kraft und Betrug zählten, und jedermann genießen und herrschen wollte. Wenn ich auch ein Bastard war, wenig besaß und wenig gelernt hatte, so wollte ich doch zu denen gehören, die genossen und herrschten. Um das zu erreichen, wählte ich statt des Schwertes die Feder.

Mir wurde bald bewusst, dass die meisten Menschen nichts als eitle, ängstliche und heuchlerische Tiere waren, und dass es mir ein Leichtes sein würde, von ihnen ernährt und geehrt zu werden, wenn ich es nur verstünde, ihnen mit der Macht der Worte zu schmeicheln oder Furcht einzujagen. Die vorherrschenden Leidenschaften dieser Tiere schienen mir Stolz und Wollust zu sein, und eben diese Leidenschaften machte ich mir zunutze, um sie zu beherrschen. Mit Hieben und Beweihräucherung machte ich Fürsten und reiche Leute zu mei-

piaceri amorosi mi acquistai il favore dei libidinosi, cioè di turbe innumerabili. In tal modo, coll'arma sola dell'ingegno e della parola, regnai anch'io sugli uomini, fui anch'io riconosciuto e riverito al par d'un monarca. E se fui chiamato dagli emuli infame fui anche detto «divino» al par di Dante e di Michelangiolo.

La mia signoria non costò sangue al popoli, come quella degli altri principi, ma soltanto oro e quell'oro fu tolto a coloro che n'avevan troppo e senza soverchia fatica. Io vendicai tutti i miei fratelli scrittori che avevan dovuto tribolare nell'indigenza o umiliarsi nella servitù e in un secolo di ferro sopraffeci i regnanti armati colla potenza dell'ingegno, ch'è un lampo del divino sole.

Se avessi trovato nel mondo uomini buoni e santi avrei usato anch'io le arti dell'affetto e della religione per esser tra loro de' primi. Trovai, invece, il contrario né avevo tempo e forza assai per mutarli. Per non servire e per non morire dovetti acconciarmi a quei mali costumi e fondare la mia libertà su quella lor bestiale e corrotta natura. Per salvarmi in terra son perduto per sempre, se non mi soccorre Colui che volle rivestirsi di carne umana nella abitazione degli uomini.

nen Tributpflichtigen; mit Büchern über Liebesfreuden erwarb ich mir die Gunst der Lüstlinge, also einer riesigen Schar von Menschen. Auf diese Weise herrschte auch ich einzig und allein mit der Waffe des Geistes und des Wortes über die Menschen, und ich wurde wie ein Monarch anerkannt und verehrt. Wenn mich die Rivalen niederträchtig nannten, so wurde ich von anderen als «göttlich» bezeichnet, genau wie Dante und Michelangelo.

Meine Herrschaft kostete die Völker kein Blut, wie die anderer Fürsten, sondern nur Gold, und ich nahm ohne jede Mühe dieses Gold nur von solchen, die zuviel davon hatten. Ich rächte alle meine Schriftstellerbrüder, die sich in ihrer Not geplagt hatten oder als Diener gedemütigt worden waren; in einem eisernen Jahrhundert überwältigte ich die bewaffneten Herrschenden mit der Macht des Geistes, die ein Strahl der göttlichen Sonne ist.

Hätte ich in der Welt gute und ehrliche Menschen vorgefunden, so hätte auch ich Werke der Liebe und der Religion getan, um einer der ersten unter ihnen zu sein. Indessen fand ich genau das Gegenteil, und ich hatte weder Zeit noch genug Kraft, es zu ändern. Um nicht zu dienen und nicht zu sterben, musste ich mich den üblen Sitten anpassen und meine Freiheit auf ihrer tierischen, verdorbenen Natur aufbauen. Weil ich mich auf Erden retten wollte, bin ich für immer verloren, wenn mir nicht der zu Hilfe kommt, der unter den Menschen einen menschlichen Leib annehmen wollte.

Tasso

Sanno tutti che fui nella vita prima infelicissimo, pochi hanno divinato le ragioni vere di quella mia perpetua acerba infelicità.

Volle Iddio ch'io nascessi figlio di poeta e poeta; fu grazia grande e insieme principio d'ogni sciagura. Perché fin dall'adolescenza fui posseduto, com'è proprio dei poeti, da smodato desiderio di piaceri e di gloria. Mio padre, esule e quasi mendico, poco poteva aiutarmi sì ch'io dovetti cercarmi un padrone e farmi, come usava in quegli sciagurati tempi, cortigiano. Ebbi più padroni e tutti a me inferiori d'ingegno e d'animo né sapevano farsi perdonare l'ingiusta diseguaglianza delle sorti con giusta generosità di affetti e di doni.

Cominciò allora il mio martirio: dovevo lodare in versi la castità di una principessa baldracca; le divine bellezze d'una principessa infermiccia e sparuta; le virtù d'una gentildonna ingorda e adultera; la pietà d'un cardinale tutto rabbie e lascivie; la grandezza e il valore di un principe traditore e codardo; la saggezza di un ministro inetto e corrotto. A tanto strazio mi condannò la crudele povertà: porre l'arte mia al servigio della menzogna. E questo doloroso contrasto tra la necessità e la sincerità fu il primo principio dello sconvolgimento del mio animo.

Avrebbe potuto consolarmi l'affetto vero d'una donna ma quelle che tentai di amare o mi sdegnarono per correre a più ricche nozze o troppo

Torquato Tasso, 1544–1595, Dichter am Hof zu Ferrara (Hauptwerk «Gerusalemme liberata») wurde wegen seiner Liebe zur Schwester des Herzogs von diesem als verrückt eingesperrt.

Alle wissen, dass ich in meinem ersten Leben sehr unglücklich war, wenige haben die wahren Gründe dieses andauernden bitteren Unglücklichseins erraten.

Gott wollte, dass ich als Sohn eines Dichters selber zum Dichter geboren wurde. Das war eine große Gnade und zugleich der Anfang allen Unheils. Denn von Jugend an war ich, wie es Dichtern eigen ist, besessen vom maßlosen Verlangen nach Genuss und Ruhm. Mein in der Verbannung lebender bettelarmer Vater konnte mir kaum helfen, so dass ich mir einen Herrn suchen musste und, wie es zu jenen unglückseligen Zeiten üblich war, Höfling wurde. Ich hatte mehrere Herren, die mir alle an Geist und Seele unterlegen waren und es auch nicht verstanden, die ungerechte Verteilung der Schicksale durch gerechte großzügige Zuwendung und Gaben verzeihlich zu machen.

Damals begann mein Martyrium: Ich musste mit meinen Versen die Keuschheit einer dirnenhaften Fürstin rühmen sowie die göttliche Schönheit einer kränklichen, abgemagerten Fürstin; die Tugenden einer unersättlichen ehebrecherischen Edeldame; die Barmherzigkeit eines ganz und gar unbeherrschten, lüsternen Kardinals; die Größe und Tapferkeit eines verräterischen, feigen Fürsten; die Weisheit eines unfähigen und korrupten Ministers. Die grausame Armut verdammte mich zu dieser Qual, meine Kunst in den Dienst der Lüge zu stellen. Dieser schmerzliche Widerspruch zwischen Notwendigkeit und Aufrichtigkeit war der Anbeginn der Verwirrung meiner Seele.

Die wahre Liebe einer Frau hätte mich trösten können, aber die Frauen, die ich zu lieben versuchte, verschmähten mich, um reicher zu heiraten, oder gaben aus Lasterhaftig-

facilmente si concessero per vizio o capriccio alle mie voglie giovanili. Ebbi fama qual poeta dell'amore eppure in mezzo secolo che durò la mia vita posso dire di non avere mai conosciuto un grande e vero amore, ma soltanto insoddisfatte fantasie o svaghi sensuali. E anche questo doloroso contrasto tra le domande del cuore e le risposte della vita accrebbe la mia disposizione all'umor malinconico. A dispetto di questa mia dolorosa condizione riuscii a terminare un poema dal quale attendevo gloria e fortuna. In esso glorificavo, con arte che mi piacque e piacque, la vittoria della fede sugli infedeli e l'antica stirpe dei miei padroni. Avevo poco più di trenta anni, nella pienezza delle forze e delle brame. Avrei voluto, subito, l'ammirazione dei popoli, la gratitudine visibile e tangibile del duca padrone, l'amore delle donne, la libertà. Nulla venne di quel che aspettavo. Non soltanto il principe fu avarissimo di lodi e di doni ma si mostrò quasi geloso dell'opera mia; né mi difese come avrebbe dovuto quando fui insultato e aggredito da un mio nemico.

Di fronte a tanta ingiustizia cominciai a dubitare perfino della giustizia divina e siccome Dio non poteva, per definizione, essere ingiusto giunsi al punto di non creder più in Lui né alla sua creazione né alla sua incarnazione.

Ma dovetti reprimere questo doppio rancore che mi avvelenava lo spirito: rancore contro il principe ingrato, rancore contro la divinità immemore e muta. L'ira di Dio, nonostante i miei dubbi, mi atterriva coll'idea della dannazione, l'ira del principe, nonostante il mio risentimento, mi faceva temere il bando dalla corte e la fame. Dovetti sopportare, dovetti simulare, dovetti mentire, dovetti repri-

keit oder Laune allzu leicht meinen jugendlichen Begierden nach. Ich war berühmt als Dichter der Liebe und kann doch sagen, dass ich in dem halben Jahrhundert, das mein Leben währte, nie eine große wahre Liebe gekannt habe, sondern nur unbefriedigte Phantasien oder sinnliche Vergnügungen. Auch dieser schmerzende Widerspruch zwischen dem Begehren des Herzens und den Antworten des Lebens förderte meine Neigung zur Schwermut. Trotz all diesem Leid gelang es mir, ein Epos zu vollenden, von dem ich mir Ruhm und Glück erwartete. In einer Form, die mir und anderen gefiel, verherrlichte ich darin den Sieg des Glaubens über die Ungläubigen und das alte Geschlecht meiner Herren. Ich war wenig über dreißig Jahre alt, voller Kraft und Begierde und hätte gern sogleich die Bewunderung der Menschen haben wollen, die sichtbare und spürbare Dankbarkeit des herzoglichen Herrn, die Liebe der Frauen und die Freiheit. Nichts von all dem, was ich erwartet hatte, traf ein. Der Fürst war nicht nur äußerst geizig mit Lob und Gaben, sondern fast eifersüchtig auf mein Werk. Er nahm mich auch nicht in Schutz, wie er es hätte tun müssen, als ich von einem meiner Feinde beleidigt und angegriffen wurde.

Angesichts solcher Ungerechtigkeit begann ich sogar an der göttlichen Gerechtigkeit zu zweifeln, und da Gott seinem Wesen nach nicht ungerecht sein konnte, glaubte ich schließlich weder an ihn noch an seine Schöpfung noch an seine Menschwerdung.

Aber diesen Groll, der meine Seele zweifach vergiftete, den Groll gegenüber dem undankbaren Fürsten und den Groll gegenüber der mir nicht zugewandten, stummen Gottheit musste ich unterdrücken. Die Abgeneigtheit Gottes versetzte mich trotz meinem Zweifel an seiner Existenz in Furcht und Schrecken vor der Verdammnis; die Abgeneigtheit des Fürsten ließ mich trotz meinem Zorn fürchten, dass ich vom Hof verbannt würde und Hunger leiden müsste. Ich

mere e soffocare il mio orgoglioso dispetto. Non potevo fare a meno del Padre ch'è nei cieli né del padrone ch'era in terra: smaniavo, fingevo, soffrivo, tacevo. Immagina tu quel mio supplizio. Pregavo il Signore, riverivo il Principe eppure nel mio cuore era l'inferno perché mi sembrava che l'uno e l'altro poco si curassero di me e dell'opera mia. Questo continuo e duro sforzo per frenare gl'impulsi che mi avrebbero condotto alla ribellione stremò le mie forze, alterò la mia mente, turbò per sempre la mia anima. Potei vincere le tentazioni dell'incredulità ma non potei rattenere, alla fine, il mio furore contro il principe. Costui, invece di comprendere e perdonare, volle subito vendicarsi, e per sett'anni mi tenne miseramente carcerato, col pretesto della mia pazzia. E invero, se non proprio pazzo, ero diventato a momenti frenetico ma questa frenesia era nata in me da tutti quegli interni dissidi che ho detto e specialmente dall'ultimo: dover obbedire e adulare un padrone indegno.

L'incarceramento aggravò il mio stato sì che parvi, a momenti, un povero allucinato delirante. Ma quella pazzia non era continua, sicché non avevo neppure il miserabile alleviamento dell'incoscienza.

In carcere e dopo che fui liberato seguitai a comporre opere in versi e in prosa ma non ritrovai più la felice ispirazione della gioventù. In tutti gli anni che trascorsero tra la prigione e il sepolcro andai di continuo errando per tutte le contrade della mia patria, in cerca d'un pane che non sempre m'era concesso, di un po' d'affetto che di rado mi confortò, di un'aria che fosse benigna alle

musste ertragen, heucheln, lügen, meine stolze Verachtung ersticken, konnte nicht ohne den Vater im Himmel, nicht ohne den Herrn auf Erden sein. Ich tobte innerlich, verstellte mich, litt und schwieg. Stell dir meine Qual vor! Ich betete zu Gott und bezeigte dem Fürsten meine Ehrerbietung, und doch war in meinem Herzen die Hölle, denn ich fand, dass der eine wie der andere sich zu wenig um mich und mein Werk kümmerte. Dieses ständige harte Bemühen, meine Gefühle, die zu einer Auflehnung geführt hätten, zu bändigen, zermürbte meine Kräfte, veränderte meinen Geist und verwirrte für immer meine Seele. Ich konnte zwar die Versuchung, nicht zu glauben, überwinden, aber meinen Groll gegenüber dem Fürsten am Ende nicht zurückhalten. Dieser, statt zu verstehen und zu verzeihen, wollte sich aber sogleich rächen. Er hielt mich unter dem Vorwand meines Wahnsinns sieben Jahre lang elendiglich im Kerker gefangen. Ich war in der Tat, wenn auch nicht gerade wahnsinnig, so doch manchmal rasend. Diese Raserei war entstanden durch all die inneren Zwiespälte, von denen ich gesprochen habe, vor allem durch den letzten, nämlich einem unwürdigen Herrn gehorchen und schmeicheln zu müssen.

Das Kerkerdasein verschlimmerte meinen Zustand derart, dass ich zeitweise wie ein armer verstörter Irrer wirkte. Aber dieser Wahnsinn dauerte nicht an, so dass ich nicht einmal die erbärmliche Erleichterung des Verrücktseins hatte.

Im Kerker und nachdem ich freigelassen war, verfasste ich weiterhin Werke in Vers und Prosa, aber ich fand die glücklichen Eingebungen der Jugend nicht wieder. In all den Jahren zwischen Gefängnis und Grab irrte ich unaufhörlich in allen Gegenden meiner Heimat umher, auf der Suche nach einem Stück Brot, das ich nicht immer bekam, nach ein wenig Zuneigung, die mich selten tröstete, nach einem Klima, das meinen Krankheiten guttun

mie infermità, di una pace che mai, in nessun luogo, mi fu dato trovare. Povero, quasi mendico, perseguitato dalla fortuna, corroso dall'etisia e dall'irrequietezza, eterno lamentoso pellegrino di terra in terra, il rimanente dei miei anni non fu che una troppo lunga e faticosa agonia. Non appena un nuovo papa volle provvedere degnamente alla mia vita e si preparava a concedermi in Campidoglio il lauro dei poeti la morte mi colse per dimostrarmi fino all'ultimo che non ero nato per la felicità. E neppur la fama, finché fui vivo osteggiata, poté consolarmi della mia vita schiava e bugiarda per necessità, della mia vita senza certezza e senza amore. La mia superbia e la mia sensualità furono atrocemente punite in terra. Al Re dell'Universo non chiedo che un po' di riposo presso lo splendore dei suoi angioli.

würde, nach einem Frieden, den zu finden mir nicht vergönnt war. Arm, fast ein Bettler, vom Schicksal verfolgt, zerstört von Schwindsucht und Ruhelosigkeit, ein ewig klagender Pilger von Land zu Land war ich; meine restlichen Jahre waren nichts als ein viel zu langer schwerer Todeskampf. Als ein neuer Papst würdig für mein Leben sorgen wollte und sich anschickte, mir auf dem Kapitol den Dichterlorbeer zu verleihen, da raffte mich der Tod dahin, um mir bis zum letzten Augenblick zu zeigen, dass ich nicht für das Glück geboren war. Nicht einmal der mir zu Lebzeiten versagte späte Ruhm konnte mich über mein geknechtetes und gezwungenermaßen verlogenes Leben hinwegtrösten, über mein Leben ohne Gewissheit und ohne Liebe. Mein Hochmut und meine Sinnlichkeit wurden auf Erden grausam bestraft. Vom König des Universums erbitte nichts als ein wenig Ruhe im strahlenden Glanz seiner Engel.

Francesco Cenci

ANGELO

Tu, Beatrice, devi rispondere di un'orribile colpa, forse della più orribile che potesse commettere figlio d'uomo: hai voluto la morte di tuo padre. Il giovane capo che il boia troncò dal tuo busto t'è stato ora restituito ma non ancora ti fu rimessa la colpa d'aver tolto la vita a chi dette a te la vita.

FRANCESCO CENCI

Non infierire contro codesta mia sventurata figliola. Io fui la vittima del suo peccato e non vorrai negarmi il diritto di parlare per lei. Molto mi hanno appreso i pensieri del sepolcro e l'eterno silenzio dei secoli.

Lascia che io parli, finalmente. Ricordati chi fui. Un bastardo di prete corrotto in tempi corrottissimi, violento e prepotente in tempi di violenza e di prepotenza, affamato di carne e d'oro. Ebbi due mogli e dodici figli e contro tutti loro fui ingiusto.

Un padre non è padre soltanto perché generò un figlio in uno spasimo di piacere. Diventa vero padre dopo, coll'amore; colla trepida vigilanza, colla quotidiana tenerezza, col sacrificio. Chi non sa essere padre, chi non fa quel che a un padre spetta, chi non genera una seconda volta, la sua creatura nella voluttà dell'amor puro non merita il nome di padre, non merita il rispetto e l'affetto che si deve a un padre; costui non è padre e per lui non si può parlare di parricidio. Un padre deve in ogni giomo ado-

Francesco Cenci wurde 1598 von seiner Tochter Beatrice (1577–1599), seinem Erstgeborenen Giacomo und Beatrices Geliebtem Calvetti vom Balkon gestürzt.

ENGEL

Du, Beatrice, musst dich für ein schreckliches Verbrechen verantworten, vielleicht das schrecklichste, das ein Menschenkind begehen konnte: Du hast den Tod deines Vaters gewollt. Das junge Haupt, das der Henker von deinem Rumpf abschlug, wurde dir jetzt zurückgegeben, doch das Verbrechen, dem, der dir das Leben gab, das Leben genommen zu haben, wurde dir noch nicht verziehen.

FRANCESCO CENCI

Wüte nicht gegen meine unglückselige Tochter. Ich war das Opfer ihrer Sünde, und du wirst mir nicht das Recht absprechen, für sie zu sprechen. Die Gedanken im Grab und die ewige Stille der Jahrhunderte haben mich vieles gelehrt.

Lass mich endlich sprechen. Denk daran, wer ich war. Ein Bastard von einem Priester, korrupt in einer äußerst korrupten Zeit, gewalttätig und skrupellos in Zeiten von Gewalt und Skrupellosigkeit, gierig nach Fleisch und Gold. Ich hatte zwei Frauen und zwölf Kinder, gegen alle war ich ungerecht.

Ein Vater ist nicht schon Vater, weil er ein Kind im Rausch der Lust zeugte. Zum wahren Vater wird er später, durch seine Liebe, sein ängstliches Umsorgen, seine tägliche Zärtlichkeit und Aufopferung. Wer nicht Vater zu sein versteht, wer nicht tut, was einem Vater zukommt, wer sein Geschöpf nicht ein zweites Mal in der Lust der reinen Liebe zeugt, verdient den Namen Vater nicht, verdient nicht die Achtung und Liebe, die man einem Vater schuldet; er ist kein Vater, und bei ihm kann man nicht von Vatermord sprechen. Ein Vater muss sich jeden Tag darum bemühen, dass seine Kinder

prarsi per farsi perdonare dai figli la comune colpa di averli generati; ma se a questa prima colpa ne aggiunge altre, e non scusabili, come la prima, dall'ardore del sangue, non deve stupirsi se i figli attendono con impazienza la sua morte. Chi di noi è sicuro di non aver pensato con desiderio alla morte del padre, anche se ottimo?

Io fui, invece, un padre infame, un padre non degno del nome di padre. Invece di amarli li odiavo, invece di guidarli al bene davo loro esempio d'una matta bestialità sensuale; invece d'essere un protettore amoroso ero un aguzzino persecutore e malfacente.

Senza giusta ragione imprigionai questa mia figlia in una rocca solitaria, tra monti selvaggi, lontana da tutto quel che una giovane gradisce e cerca. Avrebbe dovuto perdonare la pazzia del padre ma vinse in lei, invece, quello spirito di vendetta ch'io le avevo trasmesso insieme colla vita; e anche di questo dono tremendo mi chiamo responsabile. La pazzia del padre la contagiò e la fece crudele con me.

Fu colpevole ma ben più grave la colpa mia che provocò la sua e anche di questa voglio essere io solo a rispondere dinanzi a Dio. Se fu parricida dinanzi alla legge umana non è colpevole al miei occhi.

Aveva vent'anni, aveva la fierezza della mia natura, era vittima di una ingiustizia: perché stupirsi se pensò alla mia morte? Io solo la spinsi e quasi la forzai. La mia fine, più che parricidio, fu suicidio.

Ero una belva libidinosa e non un uomo, tanto meno un padre. Assassini furon quelli che mi colpirono ed io omicida al par di loro.

ihm die allgemein menschliche Schuld, sie gezeugt zu haben, verzeihen. Wenn aber zu dieser ersten Schuld andere hinzukommen, die nicht wie die erste mit der Hitze des Blutes zu entschuldigen sind, dann muss er sich nicht wundern, wenn die Kinder seinen Tod mit Ungeduld erwarten. Wer von uns ist sich denn sicher, niemals sehnsüchtig an den Tod des Vaters, und sei er auch der beste, gedacht zu haben?

Ich hingegen war ein niederträchtiger Vater, ein Vater, der den Namen Vater nicht verdient. Statt meine Kinder zu lieben, hasste ich sie, statt sie zum Guten zu führen, gab ich ihnen das Beispiel einer wahnsinnigen, tierischen Sinnlichkeit, statt ein liebevoller Beschützer zu sein, war ich ein peinigender Verfolger, der sie schlecht behandelte.

Ohne gerechten Grund sperrte ich diese meine Tochter auf einer einsamen Burg ein, inmitten wilder Berge, fern von all dem, was ein junges Mädchen liebt und sucht. Sie hätte den Wahn des Vaters verzeihen müssen, aber es obsiegte in ihr der Geist der Rache, den ich ihr zusammen mit dem Leben vermacht hatte. Auch für diese schreckliche Gabe bin ich verantwortlich. Der Wahnsinn des Vaters hat sie angesteckt und hart und herzlos gegen mich gemacht.

Sie war schuldig, aber viel schwerer war meine Schuld, die die ihre herausforderte, und dafür will ich allein mich vor Gott verantworten. Wenn sie auch vor dem menschlichen Gesetz eine Vatermörderin war – in meinen Augen ist sie nicht schuldig.

Sie war zwanzig Jahre alt, hatte den Stolz von mir und war das Opfer einer Ungerechtigkeit. War es verwunderlich, dass sie an meinen Tod dachte? Ich allein habe sie dazu getrieben, geradezu gezwungen. Mein Ende war mehr ein Selbstmord als ein Vatermord.

Ich war ein lüsternes Tier, kein Mensch, geschweige denn ein Vater. Diejenigen, die mich in den Tod stießen, waren Mörder, und ich war ein Mörder wie sie.

E dovrebbe ora questa mia infelice figliola, che fu perseguitata da me e decapitata dal boia, essere maledetta e punita per sempre? Dopo essere stato io la causa del suo patire terrestre sarei, in tal modo, responsabile anche del suo martirio eterno. Un tal pensiero mi atterrisce, mi agghiaccia, nonostante la mia indegnità. Non amai in vita quella mia creatura bella, da me sacrificata nel fior dell'età e della speranza, ma ora sento per lei una tenerezza mista di rimorso e di affanno e darei tutta la mia eternità per salvarla.

Se la mia terribile espiazione ha qualche peso agli occhi di Dio io l'offro con tutta l'anima mia disperata per la salvezza della mia Beatrice, per il sorriso del suo perdono.

Sollte nun diese meine unglückselige Tochter, die von mir verfolgt und vom Henker enthauptet wurde, für immer verflucht und bestraft werden? Nachdem ich die Ursache für ihr irdisches Leiden gewesen bin, wäre ich demnach auch für ihr ewiges Martyrium verantwortlich. Ein solcher Gedanke entsetzt mich, lässt mich erstarren, trotz meiner Unwürdigkeit. Zu Lebzeiten habe ich dieses schöne, in der Blüte seines hoffnungsvollen Lebens geopferte Geschöpf nicht geliebt, aber jetzt empfinde ich für sie eine mit Gewissensbissen und Sorge vermischte Zärtlichkeit, und ich gäbe meine ganze Ewigkeit darum, sie zu retten.

Wenn meine schreckliche Buße in den Augen Gottes auch nur irgendein Gewicht hat, dann biete ich sie mit meinem ganzen verzweifelten Herzen an, zur Rettung meiner Beatrice, für ihr Lächeln der Vergebung.

Cornelia Testarsa

Mi dissero strega. Mi perseguitarono come strega. Non vidi mai Satana né potei assistere mai al Sabba né traversare in volo il cielo. Ma c'era in me il desiderio, il bisogno, il gusto del male. Non ebbi godimento che per l'altrui patimento e più forte era il piacere quando io stessa ero stata causa del patire. Non volli marito, fuggii la famiglia, vissi sola per avere piena libertà nei preparativi dei miei malefizi. Della paura altrui mi rallegravo, l'odio impotente dei deboli era per me voluttà, e facevo quanto era in me per accrescere quella paura e quell'odio.

Col pensiero sempre fisso nella volontà del male riuscii più volte ad annunciare e provocare sventure. Ricercai l'erbe dei monti e dei boschi ma non già per trarne farmachi ed elisiri di salute bensì per distillare filtri afrodisiaci o mortali che poi vendevo a caro prezzo a uomini e donne di mal pensiero. Fui, così, complice occulta di adulteri, di tragedie domestiche, di omicidi impuniti.

Più di tutto, però, mi dava gioia la fame divoratrice del fuoco. Nelle notti più buie e gelide io partivo di casa, tremante e felice, per appiccare l'incendio a case solitarie delle campagne e talvolta anche a topaie e catapecchie di città, più facilmente infiammabili. Lo spettacolo dell'incendio, di quelle lingue alte e rosse che distruggevano i rifugi tranquilli dell'uomo, forse i tepidi covi dell'amore, era per me un incanto, un rapimento demoniaco, una ebbrezza più voluttuosa di tutte l'ebbrezze. Pur-

Cornelia Testarsa, Hexe, wohl nicht namentlich historisch.

Man nannte mich Hexe. Man verfolgte mich als Hexe. Ich habe nie den Satan gesehen, noch konnte ich jemals dem Hexensabbath beiwohnen oder den Himmel im Fluge durchqueren. Doch in mir war das Verlangen, das Bedürfnis und die Lust zum Bösen. Nur am Leid der anderen fand ich Gefallen, und mein Genuss war noch größer, wenn ich selber Ursache dieses Leidens war. Ich wollte keinen Mann, entfloh der Familie und lebte allein, um völlige Freiheit bei der Vorbereitung meiner Schandtaten zu haben. Die Angst anderer machte mir Freude, der ohnmächtige Hass der Schwachen war eine Wonne für mich, und ich tat alles, was in meiner Macht stand, um diese Angst und diesen Hass zu schüren.

Mit meinen ständig mutwillig auf das Böse gerichteten Gedanken gelang es mir oftmals, Unheil anzukündigen und herbeizuführen. Ich sammelte Kräuter in den Bergen und Wäldern, jedoch nicht um Medizin und Heiltränke, sondern um aphrodisierende oder tödliche Zaubertränke daraus zu machen, die ich dann teuer an Männer und Frauen mit schlechten Absichten verkaufte. So wurde ich zur verborgenen Komplizin von Ehebrechern, Familientragödien und ungestraften Morden.

Vor allem hatte ich aber Freude am alles verschlingenden Hunger des Feuers. In den dunkelsten und eisigsten Nächten verließ ich zitternd und glücklich das Haus, um einsam gelegene Häuser auf dem Land, manchmal auch Rattenlöcher und elende, leichter entflammbare Hütten in der Stadt anzuzünden. Das Schauspiel der Flammen, dieser hohen, roten Zungen, die stille Zufluchtsstätten der Menschen, vielleicht auch warme Liebesnester zerstörten, verzauberte mich, versetzte mich in dämonische Verzückung, in den wollü-

troppo non potevo gioire a lungo della mia felicità perché dovevo fuggire, nascondermi, per aver salva la vita.

Una notte, però, che avevo dato fuoco a una canonica un po' fuori della città e indugiai più del solito a contemplare l'opera mia, fui sorpresa e incarcerata. Un mese dopo fui condannata, come strega e incendiaria, al rogo e le mie carni furon distrutte da quel fuoco che avevo troppo amato.

Non posso scusare la mia perversità. Ma potevo davvero signoreggiare sempre quei prepotenti stimoli ch'erano nella mia natura demoniale sin dalla fanciullezza? Chi e posseduto dal Maligno, come fu di me, non è forse simile a un pazzo e perciò, in qualche modo, innocente del male che fa? E quel mio amore per il fuoco, non era forse indizio ch'ero in balia di creature infernali?

I miei misfatti non mi danno diritto alla pietà ma io chiedo soltanto quella giustizia che non si nega neppure al fratricida.

stigsten Rausch aller Räusche. Leider konnte ich mich nicht allzu lange an meinem Glück erfreuen, da ich fliehen und mich verstecken musste, um mein Leben zu retten.

Doch eines Nachts, als ich an einem Pfarrhaus etwas außerhalb der Stadt Feuer gelegt hatte und länger als sonst bewundernd bei meinem Werk verweilte, wurde ich überrascht und eingekerkert. Einen Monat später verurteilte man mich als Hexe und Brandstifterin zum Scheiterhaufen, und mein Leib wurde von dem Feuer zerstört, das ich zu sehr geliebt hatte.

Ich kann meine Verderbtheit nicht entschuldigen. Aber hätte ich denn diesen übermächtigen Trieb, der seit Kindheit in meiner teuflichen Natur war, wirklich immer beherrschen können? Wer vom Bösen besessen ist wie ich, ist der nicht einem Verrückten ähnlich und damit in gewisser Weise schuldlos an dem Bösen, das er tut? Und meine Liebe zum Feuer, war sie nicht vielleicht ein Zeichen, dass ich mich in der Gewalt höllischer Wesen befand?

Wegen meiner Schandtaten habe ich den Anspruch auf Erbarmen verwirkt. Ich bitte nur um so viel Gerechtigkeit, wie nicht einmal einem Brudermörder verweigert wird.

Giordano Bruno

ANGELO
Infelice fu la tua vita e miseranda la fine. Non soltanto però per colpa o difetto altrui e se l'anima tua è ormai purificata dalla morte e dai secoli potrai, forse, riconoscere per quanta parte fosti autore del tuo sciagurato destino.

GIORDANO BRUNO
Dio soltanto potrà vincermi fino al perdono di coloro che mi perseguitarono e mi uccisero ma basta la mia mente per intendere i motivi loro e i miei falli.

Di questi il primo fu la superbia filosofica. Esaltato e quasi rapito dalle nuove dottrine sui cieli e sugli astri credetti davvero di esser giunto alla scoperta di una divina e ultima filosofia, di una nuova e più mirabile rivelazione dell'intelletto. In verità debbo ora umiliarmi a dire che quella mia dottrina altro non era se non una ingegnosa mischianza di concetti mutuati a due sapienti settentrionali, a Niccolò di Cusa e a Niccolò Copernico e, alla fine, una più arrisicata forma dell'antico panteismo, ricolorita e riscaldata dal mio focoso spirito meridionale.

Altro e più grave fallo, benché meno noto, il mio giovanile delitto. Già nel convento io ero uscito, collo spirito se non colla persona, dalla Chiesa alla quale appartenevo. Fui denunciato e già si apprestavano processi contro di me. Mi scordai, allora, di esser figlio di San Domenico e mi ricordai, invece, di esser figlio di un uomo d'arme; sopraffatto dal demonio della vendetta gittai e affogai nel Tevere quel frate

Giordano Bruno, 1548–1600, Philosoph, von der Inquisition als Ketzer verbrannt. Der Mord an einem Klosterbruder ist historisch nicht belegt.

ENGEL
Unglücklich war dein Leben und erbärmlich das Ende. Jedoch nicht nur wegen des Verschuldens oder der Fehler anderer. Wenn jetzt deine Seele durch den Tod und die Jahrhunderte gereinigt ist, wirst du vielleicht erkennen, in welchem Maße du der Urheber deines verhängnisvollen Schicksals warst.

GIORDANO BRUNO
Nur Gott allein wird mich dazu bringen, denen zu verzeihen, die mich verfolgt und getötet haben, doch mein Verstand reicht aus, ihre Gründe und meine Vergehen zu verstehen.

Das erste war mein philosophischer Hochmut. Erregt und fast verzaubert von den neuen Lehren über Himmel und Gestirne glaubte ich wirklich, die Entdeckung einer göttlichen und grundlegenden Philosophie gemacht zu haben, einer neuen und noch erstaunlicheren Offenbarung des Verstandes. In Wahrheit muss ich nun demütig einräumen, dass meine Lehre nichts anderes war als eine geniale Mischung aus den von zwei Gelehrten des Nordens, Nikolaus von Kues und Nikolaus Kopernikus, entlehnten Konzepten, und letztlich eine gewagtere Form des antiken Pantheismus, dem mein feuriger südlicher Geist wieder Farbe und Feuer verlieh.

Ein anderes, schwerer wiegendes Vergehen, wenngleich weniger bekannt, war mein jugendliches Verbrechen. Noch im Kloster war ich im Geiste, wenn auch nicht in der Tat, aus der Kirche, der ich angehörte, ausgetreten. Ich wurde angezeigt, und sogleich wurden Prozesse gegen mich angestrengt. Ich vergaß damals, dass ich ein Sohn des Heiligen Dominikus war und erinnerte mich statt dessen daran, der Sohn eines Kriegsmannes zu sein. Überwältigt vom Dämon der

che mi aveva denunziato come eretico all'Inquisizione. E non senza apparenza di giustizia dovetti anch'io finir la vita col fuoco, in quella medesima città e vicino a quel medesimo fiume. Quell'omicidio mi costrinse alla fuga; e di lì cominciarono le mie travagliose peregrinazioni attraverso l'Europa che sempre più turbarono il mio animo fantastico e fastidito. E alla fine, non parendomi bastante la filosofia per la rinnovazione delle menti e dei popoli, mi nacque in capo un grande e temerario disegno: quello di fondare una nuova religione che distruggesse il Cristianesimo e ne pigliasse il posto. Tal religione nolana avrebbe avuto per teologia la mia propria metafisica e del Cristianesimo avrebbe serbato soltanto il precetto dell'amore verso il prossimo. Io sarei stato il profeta, il fondatore, l'apostolo, il maestro, il taumaturgo di questa Chiesa di nuovo conio e anzi m'ero dato, negli ultimi anni, a studiar la magia si da poter compiere finti miracoli e prodigi e in tal modo stupire il volgo e tirarlo alla mia fede e al mio seguito. Se il disegno fosse riuscito come lo sognavo nelle mie fantastiche veglie di Francoforte e di Venezia sarei divenuto l'eguale di Mosè e di Maometto, il rivale di Cristo, non più capo di setta ma papa di vittoriosa chiesa e avrei potuto vendicarmi di tutti quelli che mi avevan dispregiato e maleficato, cattolici o scismatici che fossero.

Le paure di un discepolo delatore e il mio arresto ridussero a nulla quel mio ambizioso proposito. S'è detto, dopo la mia morte, ch'io fui un martire della filosofia e non è vero. I giudici non vollero condannare in me l'invasato poeta dell'infinito e dell'uno bensi il nemico dichiarato della Chiesa Cattolica, l'emulo di San Pietro, colui che aspirava ad essere

Rache warf ich den Mönch, der mich bei der Inquisition als Ketzer angezeigt hatte, in den Tiber und ertränkte ihn. (Und nicht ohne ein Zeichen der Gerechtigkeit musste auch ich mein Leben beenden, und zwar durch das Feuer, in derselben Stadt und nahe demselben Fluss.) Der Mord zwang mich zur Flucht, und von da an begannen meine strapazenreichen Irrfahrten durch Europa, die meine verstiegene und gestörte Seele immer mehr verwirrten. Da mir die Philosophie zur Erneuerung des Geistes und der Völker nicht ausreichend schien, entstand schließlich in meinem Kopf ein großer, wagemutiger Plan: die Gründung einer neuen, das Christentum vernichtenden und ersetzenden Religion. Solch eine aus Nola stammende Religion hätte als Theologie meine eigene Metaphysik gehabt und vom Christentum nur das Gebot der Nächstenliebe bewahrt. Ich wäre Prophet, Gründer, Apostel, Lehrmeister und Wundertäter dieser Kirche neuer Art gewesen, ja ich hatte in den letzten Jahren sogar die Zauberkunst studiert, um Wunder vortäuschen und damit das Volk in Erstaunen versetzen zu können und es zu Anhängern meines Glaubens zu machen. Hätte sich der Plan, von dem ich in meinen phantasiereichen wachen Nächten in Frankfurt und Venedig träumte, verwirklicht, so wäre ich wie Moses und Mohammed ein Rivale Christi geworden, nicht mehr Oberhaupt einer Sekte, sondern Papst einer siegreichen Kirche, und ich hätte mich an all jenen rächen können, die mich verachtet und ins Verderben gestürzt hatten, Katholiken oder Schismatiker, was immer sie waren.

Die Ängste eines Schülers, sein Verrat und meine Festnahme machten mein ehrgeiziges Vorhaben zunichte. Nach meinem Tod hieß es, ich sei ein Märtyrer der Philosophie, aber das stimmt nicht. Nicht als besessenen Dichter des Unendlichen und des einheitlichen Weltbildes wollten mich die Richter verurteilen, sondern als erklärten Feind der katholischen Kirche und Nacheiferer des Heiligen Petrus, also

il propagatore e il pontefice di un'altra Chiesa universale. E difatti quando mi fu presentata, negli ultimi ístanti della vita, l'immagine del Salvatore io la respinsi con occhio torvo. Era l'immagine del Galileo che avrei voluto esiliar dal mondo e anche questa volta aveva vinto.

Orribile fu il mio supplizio ma fu presto seguito dalla morte di quelli che mi avevan condannato al fuoco, quasi Dio avesse voluto far le mie vendette. Ma nonostante questo segno del cielo la mia ritrosa e ribellante natura non sa piegarsi. Può confessare gli errori ma non può acconciarsi al perdono. Benché io non sappia quale sarà la mia sorte ultima non riesco a scusare né a dimenticare quei camefici che, dopo otto anni di tetro carcere e di faticose inquisizioni, mi fecero legar nudo a un palo perché il fuoco riducesse in cenere quel po' di carne ch'era rimasta attaccata alle povere ossa del mio corpo stremato. Riensai, in quei terribili momenti, mentre le fiamme già salivano verso i miei piedi a quell'infelice frate che avevo gettato, tanti anni prima, una notte, nell'acque del Tevere e il mio cuore moribondo sussulto, a un tempo, di rimorso, d'invidia e di raccapriccio.

Ben altra sentenza mi aspetta. Mi sovvengo, però, dell'Evangelo e del comando di amare i nostri nemici. Un tal precetto vale soltanto per gli uomini? E non vorrà Cristo, non dovrà dunque amare anche questo sognatore errante ed errabondo che apparì suo nemico?

als einen, der Prediger und Papst einer anderen Weltkirche sein wollte. Als mir in den letzten Augenblicken meines Lebens das Bild des Heilands vorgehalten wurde, wies ich es tatsächlich mit düsterem Blick zurück. Es war das Bild des Galiläers, das ich aus der Welt verbannen wollte, doch auch dieses Mal hatte er gesiegt.

Schrecklich war meine Hinrichtung, doch ihr folgte bald der Tod derer, die mich zum Scheiterhaufen verurteilt hatten, fast als wollte Gott mich rächen. Trotz diesem Wink des Himmels kann mein widerspenstiges und rebellisches Wesen sich nicht beugen. Ich kann zwar meine Fehler bekennen, aber ich kann mich nicht dazu durchringen, zu vergeben. Und obwohl ich nicht weiß, wo ich allerletzten Endes verbleiben werde, kann ich den Henkern nicht verzeihen; ich kann ihnen nicht vergessen, dass sie mich nach acht Jahren finsteren Kerkers und qualvoller Inquisition nackt an einen Pfahl binden ließen, damit das Feuer das verbliebene bisschen Fleisch an den armen Knochen meines erschöpften Körpers zu Asche machte. In diesen schrecklichen Augenblicken, während die Flammen schon an meinen Füßen hochschlugen, dachte ich wieder an den unglückseligen Bruder, den ich viele Jahre zuvor eines Nachts in den Tiber geworfen hatte, und mein sterbendes Herz zuckte zusammen, vor Reue, Neid und Schaudern zugleich.

Ein ganz anderes Urteil erwartet mich. Doch ich denke an das Evangelium und das Gebot, unsere Feinde zu lieben. Gilt ein solches Gebot nur für die Menschen? Wird also Christus nicht auch diesen irrenden und umherirrenden Träumer, der sein Feind zu sein schien, lieben wollen und lieben müssen?

Galileo

ANGELO

Tu fosti un degli uomini più celebrati sulla terra per le tue invenzioni e le tue dottrine. Ma quassù non si pesano gli uomini colle umane misure e anche tu devi rispondere della tua sensualità, del tuo orgoglio e delle conseguenze ch'ebbero per gli uomini le tue acclamate scoperte. Né vorrai dimenticare quella giovane, dalla quale avesti tre figli, e che non fu tua compagna legittima e che abbandonasti dopo lunghi anni di fedeltà quando fosti chiamato a più alto officio in altra città. Risponda qui il Galileo uomo e non il Galileo filosofo e matematico …

GALILEO

Non arrossisco già di avere speso tutta la vita che mi fu concessa da Dio nello studio delle cose naturali e massimamente di quelle celesti. A me toccò la ventura d'essere tra gli uomini il primo a figger lo sguardo nei più occulti, fino a quel giorni, misteri del firmamento e a leggere più in là d'ogni altro nel meraviglioso libro del cielo. E le mie scoperte di fisica e di meccanica non furon inutili a coloro che vennero dopo di me ed accrebbero mirabilmente la conoscenza e il potere del genere umano.

Ma di tali indagamenti e discoprimenti mi compiacqui forse anche troppo e certo assai più che a cristiano non si conveniva. L'orgoglio, compagno inseparabile d'ogni non comune ingegno, mi fece

Galileo Galilei, 1564–1642, Naturwissenschaftler, Philosoph, Schriftsteller.

ENGEL

Du warst wegen deiner Erfindungen und deiner Lehren einer der meist gerühmten Menschen auf Erden. Aber hier oben werden die Menschen nicht mit menschlichen Maßstäben gemessen, und auch du musst dich für deine Sinnlichkeit verantworten, für deinen Stolz und für die den Menschen aus deinen umjubelten Entdeckungen entstandenen Folgen. Und vergiss nicht die junge Frau, von der du drei Kinder hattest, die nicht deine rechtmäßige Gefährtin war, und die du nach langen Jahren der Treue verlassen hast, als du zu einem höheren Amt in eine andere Stadt berufen wurdest. Hier soll Galileo, der Mensch, und nicht Galileo, der Philosoph und Mathematiker sich verantworten …

GALILEO

Dass ich mein ganzes, mir von Gott gewährtes Leben auf das Studium der Natur und hauptsächlich des Himmels verwendet habe, lässt mich gewiss nicht erröten. Mir wurde das Schicksal zuteil, als erster unter den Menschen den Blick auf die bis damals verborgenen Geheimnisse des Firmaments zu richten und noch mehr als jeder andere im wunderbaren Buch des Himmels zu lesen. Meine Entdeckungen in der Physik und der Mechanik waren nicht nutzlos für die Menschen, die nach mir kamen, und vergrößerten das Wissen und die Macht des Menschengeschlechts auf außergewöhnliche Weise.

Vielleicht war ich aber wegen dieser Forschungen und Entdeckungen allzu selbstgefällig, gewiss mehr als es sich für einen Christen ziemt. Der Stolz, ein unzertrennlicher Begleiter jedes nicht gewöhnlichen Geistes, ließ mich verges-

dimenticare che il fine vero e supremo dell'uomo non è tanto il conoscere quanto meritare il cielo e che la sapienza, per quanto vasta e stupenda, non agguaglia la carità.

Mi parve che una più perfetta scienza della natura potesse aumentare la perfezione dell'uomo e, al tempo stesso, la sua felicità. Ora, troppo tardi, confesso l'error mio. Ho visto assai dopo, con dolore inestimabile, che il troppo sapere e potere nell'ordine della materia fece l'uomo, coll'andar dei secoli, men buono e men felice. Gli uomini quanto più seppero e più soffrirono; quanto più furon potenti e più offesero e furono offesi. Di questo accrescimento di mali sulla terra, che già di tanti era piena, io mi dolgo e mi pento, essendo stato io un de' primi suoi autori. Io, che nacqui di padre musico, mi son rammentato più volte del rimorso che sopravvenne a Socrate negli ultimi giorni della sua vita. Meglio aver studiato musica, che tanto soavemente allevia gli affanni, invece di affaticarsi intorno a quelle verità naturali che fecero più timida la nostra funesta superbia.

Io fui de' primi che ispirarono agli uomini la perniciosa persuasione d'essere ormai padroni della terra e del proprio destino, omnisapienti e omnipotenti a somiglianza di Dio. E tale ebbrezza poteva anche essere giusta e giustificabile ma siccome l'animo umano fu signoreggiato, come per l'innanzi, dalla cupidigia e dall'odio quell'aumentato potere fu posto al servigio del male più che del bene e quella filosofica superbia staccò gli uomini dalla fede e perciò da quell'Evangelo che poteva in qualche modo raffrenare e domesticare i nostri impulsi ferini. Accrebbi, dunque, l'umana sapienza e potenza

sen, dass das wahre und höchste Ziel des Menschen nicht so sehr darin besteht, den Himmel zu kennen, sondern ihn zu verdienen, und dass eine noch so umfangreiche und großartige Weisheit nicht der Liebe gleichkommt.

Ich meinte, eine vollkommenere Kenntnis der Natur könnte den Menschen und zugleich sein Glück vollkommener machen. Jetzt, allzu spät, bekenne ich meinen Irrtum. Mit unendlichem Schmerz sah ich viel später, dass zu viel Wissen und Macht in materiellen Dingen die Menschen im Lauf der Jahrhunderte weniger gut und weniger glücklich gemacht hat. Je mehr die Menschen wussten, desto mehr litten sie; je mächtiger sie waren, desto mehr Schaden richteten sie an und wurde ihnen Schaden zugefügt. Dieses Vermehren des Leids auf Erden, wovon es bereits so viel gab, und zu dem ich als einer der ersten beigetragen habe, bedaure und bereue ich. Als Sohn eines Musikers dachte ich öfter an die Gewissensbisse, die Sokrates in den letzten Tagen seines Lebens plötzlich plagten. Es wäre besser gewesen, Musik zu studieren – sie lindert so sanft Kummer und Sorgen –, statt mich mit den Naturwahrheiten abzumühen, die unserem verhängnisvollen Hochmut immer mehr Ehrfurcht einflößen.

Als einer der ersten weckte ich in den Menschen die unheilvolle Überzeugung, sie seien von nun an Herren über die Erde und ihr eigenes Schicksal, allwissend und allmächtig wie Gott. Und so ein Hochgefühl konnte durchaus richtig und gerechtfertigt sein. Da aber die menschliche Seele seit jeher von Gier und Hass beherrscht wird, wurde die gesteigerte Macht eher in den Dienst des Bösen als des Guten gestellt. Dieser philosopische Hochmut entfernte die Menschen vom Glauben und damit vom Evangelium, das unsere wilden Instinkte auf irgendeine Weise zügeln und zähmen könnte. Ich vermehrte also Wissen und Macht des Menschen um einen allzu hohen Preis: den Preis der sorg-

a troppo gran prezzo: a prezzo di serena umiltà e di fraterno amore. Insegnai all'uomo i segreti riposti del cielo ma resi men facile quella via che conduce al cielo della beatitudine.

Di quella mia colpa – che non fu abbastanza chiara nella mia mente e dunque fu men grave di quel che oggi la considero – venni aspramente punito innanzi la mia morte, prima colla prigionia dopo colla più orribile pena della cecità. Il processo al quale fui sottoposto parve a me e all'universale oltremodo ingiusto ed era sì, ingiusto, per il suo motivo apparente, cioè quella dottrina copernicana che da me e dopo me da tutti fu reputata verissima. Ma in quanto quel famigerato processo mirava, senza l'espressa volontà dei suoi promotori, ad ammonire e punire la fretta dei cervelli e lo smisurato orgoglio dei filosofi, che volentieri scordano le radici della moralità e della felicità delle creature ordinarie, fu giustissimo e assai men severo che non meritasse la mia non antiveduta colpa. Case tra orti e giardini, sopra un bel colle arioso, furono le mie dilettose prigioni mentre fu acerbissimo tormento la forzata abiura della verità sui sistemi del mondo.

Assai più atroce fu il secondo castigo. I miei occhi s'erano spinti negli abissi remoti del cielo assai più in là di quel che non fosse stato fino allora concesso a umano sguardo e dovetti pagare colla cecità l'immensa gioia delle mie scoperte. Fui come il primo navigatore solitario in mezzo a mondi arcani e stupendi, prima di me non conosciuti e neppur divinati; la mia esultante felicità di quella esplorazione celeste fu cosi grande

losen Bescheidenheit und brüderlichen Liebe. Zwar lehrte ich den Menschen die verborgenen Geheimnisse des Himmels, aber ich erschwerte ihnen den Weg zum Himmel der Glückseligkeit.

Für diese meine Schuld, deren ich mir damals nicht voll bewusst war, und die somit weniger schwer wog, als ich sie heute betrachte, wurde ich noch vor meinem Tod hart bestraft. Erst mit Gefangenschaft, danach mit der noch grauenvolleren Strafe der Blindheit. Der Prozess, der mir gemacht wurde, erschien mir und der ganzen Welt als völlig ungerechtfertigt, und er war tatsächlich ungerecht aufgrund seines vordergründigen Anlasses, nämlich der kopernikanischen Lehre, die von mir und nach mir von jedermann für vollkommen richtig gehalten wurde. Da aber dieser berühmt berüchtigte Prozess, ohne ausdrückliche Absicht seiner Urheber, eigentlich darauf abzielte, die Ungeduld des Geistes und den maßlosen Stolz der Philosophen zu rügen und zu bestrafen, weil sie die Ursprünge der Moral und des Glücks der gewöhnlichen Geschöpfe gern vergessen, war er nur allzu gerecht und sehr viel weniger streng, als meine von mir nicht vorhergesehene Schuld es verdient hätte. Meine angenehmen Gefängnisse waren Häuser zwischen Obst- und Gemüsegärten auf einem schönen, weitläufigen Hügel; sehr bitter war nur die Qual des erzwungenen Abschwörens der Wahrheit über das Welt-System.

Viel schrecklicher war die zweite Strafe. Meine Augen waren wesentlich weiter in die fernen Abgründe des Himmels vorgedrungen, als es bis dahin einem menschlichen Blick erlaubt gewesen war, aber ich musste die grenzenlose Freude über meine Entdeckungen mit Blindheit bezahlen. Ich war wie der erste einsame Seefahrer inmitten geheimnisvoller, wunderschöner und zuvor nicht gekannter und geahnter Welten. Mein jubelndes Glück über diese himmlische Erforschung war so groß, dass ich es schließlich mit der Verban-

ch'io dovetti espiarla, alla fine, coll'esilio nelle tenebre. Ma di tal pena, benché atroce per un uomo qual ero, non mi lagno; anche oggi mi torna al pensiero la mirabile dolcezza di quelle notti lontane, quando le fulgide scritture di Dio si squadernavano con nuovi segni e caratteri dinanzi al mio occhio rapito, al mio spirito in estasi.

Degli altri peccati miei, come la gola e la lussuria, non vo' parlare, perché tanto comuni tra gli uomini comuni che il mio orgoglio, anche nella memoria, n'è quasi ferito. Ma la mia diletta primogenita, che per amor mio e de' miei studi prese il nome di Suor Celeste, pregò e prega per la finale salvezza di questo avventurato e sventurato peccatore.

nung in die Finsternis büßen musste. Doch ich beklage mich nicht über diese für einen Menschen wie mich so grausame Strafe. Noch heute kehren meine Gedanken zurück zu dem wunderbaren Zauber dieser fernen Nächte, wenn sich die funkelnden Schriftzüge Gottes mit neuen Zeichen und Prägungen vor meinen begeisterten Augen, meinem entrückten Geist offenbarten.

Von meinen anderen Sünden wie Unmäßigkeit und Unkeuschheit möchte ich nicht sprechen, denn sie sind unter den gewöhnlichen Menschen so verbreitet, dass noch jetzt, wenn ich daran denke, geradezu mein Stolz verletzt ist. Doch meine geliebte Erstgeborene, die aus Liebe zu mir und meinen Studien den Namen Suor Celeste annahm, bat und bittet für die endgültige Errettung dieses vom Glück begünstigten und doch unglücklichen Sünders.

Giglia di Vezzano

La mia vita fu tanto breve che in un baleno si racconta. Nacqui povera in una povera casa dell'Appennino. Appena fui grandicella si da poter fidarmi qualche animale fui mandata lontana, in cima a un monte con una famiglia che faceva un grosso podere, e lì passai tutti gli anni che mi rimanevan da vivere. Avevo da badare a pecore e capre; null'altro. E mi sembrava di patire, di star male. Alzata avanti giorno, piovesse o nevicasse; un po' di pane o di polenda che doveva bastare fino al tramonto; il vento delle alture, la paura della solitudine, la fatica dell'erte ripide e dei pruneti cattivi, il ritorno triste nel buiore, tutto mi sembrava tristezza e sacrificio. Crescevo e dicevano che sarei diventata bella. Ma non avevo altro specchio che le pozze dei campi dopo le piogge; nessun altro gioiello che le coroncine di fiori montani che facevo da me e che mettevo attorno al polso come braccialetti, attorno al collo come vezzi; attorno al capo come corone. E nessuna musica mi consolava il cuore fuor del canto degli uccelli e lo scampanìo solenne della Verna vicina. Eppure mi sembrava di patire; sognavo fortune lontane e impossibili; fughe nel mondo; rivincite sulla sorte. D'inverno c'eran feste in casa; io, piccola, mi sedevo vicino al suonatore, assorta e incantata, ma le danze più gaie mi parevan lamenti d'anime sperse, smanie di rinserrati, e rincrudivano quasi la mia precoce mestizia.

Ripensando ora a quegli anni mi accorgo

Giglia di Vezzano, Hirtin, wohl nicht namentlich historisch.

Mein Leben war so kurz, dass man es in einem Atemzug erzählen kann. Ich bin arm geboren in einem armen Haus im Apennin. Kaum war ich groß genug, dass man mir einige Tiere anvertrauen konnte, wurde ich weit weggeschickt, in die Berge, zu einer Familie, die ein großes Gut bewirtschaftete. Dort verbrachte ich all die Jahre, die mir zu leben blieben. Ich musste Schafe und Ziegen hüten, sonst nichts. Mir schien das damals eine Qual, ich fühlte mich nicht wohl. Vor Tagesanbruch aufstehen, auch wenn es regnete oder schneite; ein bisschen Brot oder Polenta, was bis zum Sonnenuntergang reichen musste; der Wind von den Höhen herab, die Angst vor der Einsamkeit, die Mühsal der steilen Hänge und der bösen Dornenbüsche, die traurige Heimkehr in der Dunkelheit, all das war für mich Trübseligkeit und Opfer. Ich wuchs heran, und es hieß, ich würde schön werden. Doch ich hatte keinen anderen Spiegel als die Wasserlöcher auf den Feldern nach dem Regen; keinen anderen Schmuck als die selbstgemachten Kränzchen aus Bergblumen, die ich mir ums Handgelenk als Armband, um den Hals als Kette legte und auf den Kopf als Krone setzte. Keine Musik außer dem Zwitschern der Vögel und dem feierlichen Geläut vom nahem Vernaberg. Und dennoch schien es mir eine Qual; ich träumte von fernem, unerreichbarem Glück, von einer Flucht in die Welt, vom Bezwingen des Schicksals. Im Winter wurden im Haus Feste gefeiert. Ich, die Kleine, setzte mich in die Nähe des Musikanten, versunken und verzaubert, aber die fröhlichsten Tänze kamen mir vor wie die Klagen verlorener Seelen, wie Sehnsüchte von Eingesperrten, und verschlimmerten fast noch meine frühzeitige Wehmut.

Wenn ich jetzt an diese Jahre zurückdenke, erkenne ich,

ch'eran felici. Ora soltanto so di essere stata felice, incredibilmente felice. Rammento certe albe limpide e gelide, tutte vibranti di rugiada e di stille, con una luce innocente e potente che faceva preziosi anche i sassi delle strade e gli sterpi spogli; rammento certi tramonti divini d'autunno, attraverso i castagni solenni e le rupi bianche, incontro a un cielo che dal rosa acceso svaniva nel verde morente, e le montagne attorno, alte e nere, sembravano orlate d'oro vecchio. Rammento le pasture fiorite, pazze di rossi e di gialli, di bianchi e d'azzurri sotto il chiaro sole di giugno. E rammento le orazioni e le canzoni da me cantate a gara coi vènti sulle colline solatie, i ritorni festosi dalla messa, il saluto della luna nuova nelle notti calde, i salti degli agnelli spoppati, le processioni di primavera tra l'odore delle ginestre. Ero felice ma non sapevo d'esser felice e perciò non ero felice. E anche quella mia vita beata e malinconica ben presto finì. A sedici anni, quando i giovani cominciavano a guardarmi, il tifo in pochi giorni mi uccise. Non potei neppur baciare un'ultima volta la mamma, ch'era lontana, né il padre, né le sorelle. Morii sola, in una camera, senza aver conosciuto il peccato né la mia felicità.

was für glückliche Jahre es waren. Erst jetzt weiß ich, dass ich glücklich, unsagbar glücklich gewesen bin. Ich erinnere mich an bestimmte eiskalte Morgendämmerungen; alles zitterte von Tau und Tröpfchen in einem unschuldigen mächtigen Licht, das sogar die Steine auf der Straße und das kahle Gestrüpp kostbar machte. Ich erinnere mich an bestimmte göttliche Sonnenuntergänge im Herbst, hinter gewaltigen Kastanien und weißen Felsen vor einem Himmel, der von leuchtendem Rosa in ein verlöschendes Grün überging; die hohen schwarzen Berge ringsherum schienen von altem Gold gesäumt. Ich erinnere mich an blühende Weiden, trunken von roten, gelben, weißen und hellblauen Farbtönen unter der hellen Junisonne. Und ich erinnere mich an Gebete und Lieder, die ich auf den sonnigen Hügeln mit dem Wind um die Wette sang, an die festlichen Heimwege von der Messe, an den Gruß des Neumonds in warmen Nächten, an die Sprünge der entwöhnten Lämmer, die Prozessionen im Frühling im Duft des Ginsters. Ich war glücklich, doch ich wusste nicht, dass ich glücklich war, also war ich nicht glücklich. Dies mein seliges trübseliges Leben ging früh zu Ende. Mit sechzehn Jahren, als die jungen Männer anfingen, sich nach mir umzudrehen, raffte mich der Typhus in wenigen Tagen dahin. Ich konnte nicht einmal meine Mutter ein letztes Mal küssen, sie war weit weg, noch den Vater noch die Schwestern. Einsam in einer Kammer starb ich, ohne Sünde und Glück gekannt zu haben.

Casanova

Tu sai e tutti seppero qual fosse la mia vita laggiù. Avventuriero più che letterato, ciarlatano più che filosofo. Ma soprattutto cacciatore e goditore di donne, di ogni sorta e specie, di donne vergini o prostitute che fossero, monache o spose, giovanette in fiore o matrone fin troppo sfiorite.

Non amai nessuna donna ma tutte le desiderai e tutte quelle che mi piacquero potei possedere, docili e riconoscenti. Il fine e l'atto supremo della vita umana era, per me, l'accoppiamento e l'amore non era, ai miei occhi, che l'effimera alleanza di due corpi in calore.

Non offrivo alle donne sospiri o madrigali ma soltanto il fiato cocente del desiderio, il vigore sempre sveglio di un corpo ben fatto. Nelle donne non vedevo che macchine da voluttà. Tutto il resto era contorno, guarnizione afrodisiaca. Godevo della vittoria quanto del possesso ma nessuna donna, per quanto ricca di bellezza e di brio, mi tenne prigioniero. Il mio amore non era che brama e riconoscenza carnale. Ogni donna era per me un'esperienza nuova, una figura di più nel mio harem di ricordi, una riprova della mia potenza erotica.

In tal modo vissi per lunghi anni, trascinato attraverso l'Europa dal calore delle mie brame e delle mie fantasie.

Poi venne l'espiazione: gli ultimi trent'anni della mia vita non furono che vergogna e supplizio. Perseguitato dalla miseria e dalla polizia, sbeffato

Girolamo-Giacomo Casanova, 1725–1798, Venezianer, Salon-Abenteurer, Homme de lettres. Seine «Mémoires» sind eine bedeutende Kunde von der Lebensart im 18. Jahrhundert.

Du weißt, und alle wussten, was für ein Leben ich dort unten hatte. Mehr Abenteurer als Literat, mehr Scharlatan als Philosoph. Aber vor allem Schürzenjäger und Genießer von Frauen aller Art, Jungfrauen oder Dirnen, was immer sie waren, Nonnen oder Bräute, Mädchen in der Jugendblüte oder allzusehr verblühte Matronen.

Keine Frau habe ich geliebt, aber alle habe ich begehrt, und alle die, die mir gefielen, konnte ich besitzen, und sie waren gefügig und dankbar. Das Ziel und der höchste Akt des menschlichen Lebens war für mich die Paarung, und die Liebe war in meinen Augen nur ein vergänglicher Bund zweier brünstiger Körper.

Ich habe den Frauen keine Seufzer oder Madrigale dargebracht, sondern nur den heißen Atem des Begehrens, die immer wache Kraft meines wohlgeformten Körpers. Ich habe in den Frauen nur Werkzeuge der Lust gesehen. Der Rest war Beilage, aphrodisischer Zierrat. Ich habe den Sieg ebenso sehr genossen wie das Besitzen, aber keine Frau, wie reich an Schönheit und Feuer sie auch war, vermochte mich zu fesseln. Meine Liebe war nichts als fleischliche Begierde und Genugtuung. Jede Frau war für mich eine neue Erfahrung, eine weitere Figur im Harem meiner Erinnerungen, ein Beweis meiner erotischen Potenz.

Auf diese Art und Weise lebte ich lange Jahre, von der Glut meines Begehrens und meiner Phantasien durch ganz Europa getrieben.

Dann kam die Buße: die letzten dreißig Jahre meines Lebens waren nichts anderes als Schande und Pein. Verfolgt vom Elend und von der Polizei, von den Frauen verhöhnt

e scacciato dalle donne, mi ridussi ad essere spia errante e parassita mal tollerato.

Colui ch'era stato desiderato e abbracciato dalle più ardenti ed eleganti donne di cinque nazioni conobbe, da ultimo, l'umiliazione più indicibilmente umiliante: la ripulsa d'una meretrice di Vienna e d'una sguattera di Boemia alle quali m'ero profferto marito.

E allora, spettro ingobbito scarnito e sfigurato, mi rifugiai nel ricordo delle stagioni trionfanti, volli riassaporare, nel biascicume bavoso della memoria, le mie bravate e braverie di satiro fortunato: scrissi quel sudicio libro che mi fece, per sempre, più famoso che infame.

Ora, ammaestrato dalla morte, ho quasi ribrezzo di me stesso. Credetti di conquistare e non fui che il facchino della mia libidine; m'illusi di godere e non ottenni neppure la sazietà. La mia carriera in apparenza vittoriosa fu tutta un'abdicazione.

Avevo anch'io un'anima immortale e non fui che una marionetta della lussuria; possedevo ingegno vivo e ne feci un mezzano da salotti e da osterie; avevo un corpo fatto ad immagine di Dio e lo avvilii fino all'estrema degradazione. Avrei potuto amare, creare, servire, combattere e invece gettai tutto il succo della vita per dare e provare qualche migliaia di sussulti spasimosi, di orgasmi sterili, sempre agognati, sempre i medesimi.

Invece d'essere un uomo cioè un signor della terra che scopre e domina la natura, non fui che un maschio, null'altro che un sesso. Ero nato forse semidio, e divenni nulla di più che una fatua bestia.

und verjagt, wurde ich zum umherirrenden Spion und unwillig geduldeten Schmarotzer.

Der Mann, der von den feurigsten und elegantesten Frauen aus fünf Nationen begehrt und umarmt worden war, erfuhr zuletzt eine unsagbar beschämende Demütigung, nämlich die Zurückweisung einer Dirne aus Wien und eines Küchenmädchens aus Böhmen, denen ich mich als Ehemann anbot.

Also flüchtete ich gebeugtes, abgezehrtes und entstelltes Gespenst mich in die Erinnerung an meine glorreichen Zeiten. Ich wollte im sabbernden Gefasel meines Gedächtnisses die Dreistigkeiten und Prahlereien des erfolgreichen Lüstlings noch einmal auskosten und schrieb dieses schmutzige Buch, das mir ein für allemal mehr Ruhm als Schande eingebracht hat.

Jetzt, da der Tod mich belehrt hat, empfinde ich geradezu Abscheu vor mir selber. Ich glaubte zu erobern, und war doch nur der Knecht meiner Wollust. Ich bildete mir ein, zu genießen, und erlangte nicht einmal Sättigung. Meine nach außen hin siegreiche Laufbahn war ein einziges Abdanken.

Auch ich hatte eine unsterbliche Seele – und war nur eine Marionette der Wollust. Ich besaß einen lebhaften Verstand – und machte mich mit ihm zu einer mittelmäßigen Figur in Salons und Kneipen. Ich hatte einen nach dem Bild Gottes geformten Körper – und entwürdigte ihn bis zur äußersten Zerrüttung. Ich hätte lieben, schaffen, dienen, kämpfen können – statt dessen verschwendete ich all meinen Lebenssaft, um Tausende Zuckungen der Lust, fruchtlose, immer ersehnte, immer gleiche Orgasmen zu geben und zu erleben.

Statt ein Mann zu sein, das heißt ein Beherrscher der Erde, der die Natur entdeckt und bezwingt, war ich nur ein Stück Männlichkeit, nichts weiter als ein Geschlechtswesen. Ich war vielleicht zum Halbgott geboren – und wurde nichts als ein eitles Tier.

Quei trent'anni di fornicazioni vagabonde le scontai con trent'anni d'infami compromessi, di servili decadenze, di rabbiose ruminazioni. Ma ora a qual prezzo ricomprerò la mia vita persa, sfaldata e liquefatta nel lupanari e nelle alcove?

Ignorai o disprezzai il Creatore ma non seppi amare neanche una sola delle sue creature. Come potrò, dunque, fare appello a Colui che chiese soltanto amore?

Die dreißig Jahre umherschweifender Hurerei habe ich mit dreißig Jahren schmählichster Kompromisse gebüßt, mit servilem Verfall, mit wütendem Wiederkäuen. Zu welchem Preis kann ich jetzt mein in Bordellen und Bettgemächern vertanes, abgebröckeltes, dahingeschmolzenes Leben wieder zurückkaufen?

Ich habe den Schöpfer nicht beachtet oder habe ihn missachtet. Ich war nicht fähig, auch nur ein einziges seiner Geschöpfe zu lieben. Wie kann ich also den um Gnade bitten, der nur Liebe gebot?

Rossini

Di molti peccati dovrò confessarmi e soffrire e quel tanto di genio che Dio mi concesse non può esser mia difesa ché spesi anche quello, purtroppo, al servizio delle mie debolezze. E questo è il mio più crudel rimorso: di avere sperperato e talvolta prostituito quel che di più divino era in me.

Gola e avarizia, sensualità e orgoglio, pochezza di coraggio e di fede furono le malattie più costanti della mia povera anima di artista popolano.

Ma io vorrei pur che Dio, nella sua infinita compassione per noi sciagurati, non guardasse soltanto alle mie colpe ma insieme alle mie infelicità, che furono anche più grandi.

La volgar leggenda, in vita e dopo, mi figurò un godente, un beato della terra, pupillo prediletto della fortuna. Fu calunnia e crudele calunnia, figlia dell'imbecillità e dell'invidia: l'opposto del vero. Credo che non vi fu uomo, al mio tempo, più perseguitato di me dalla sorte o, se vuoi, dalle pene giuste che portano con sé l'ingegno e il peccato.

I primi vent'anni della mia vita furono di studi mozzi e di miseria umiliata e randagia. Seguirono vent'anni circa di creazione fortunata, ma furono anche anni di schiavitù durissima, di fatica inumana, di spreco e di dilapidazione della fantasia, di consumìo del cuore e dei sensi, di cadute meritate e di trionfi in cento modi contrastati, amareggiati, scontati: quei vent'anni di lavoro forzato, con alterne vicende di felici riuscite e di vergognose

Gioacchino Rossini, 1792–1868, Komponist. Seine berühmteste Oper ist «Der Barbier von Sevilla».

Wegen vieler Sünden werde ich mich anklagen und leiden müssen, und das, was Gott mir an Genie vergönnte, kann mir zur Verteidigung nicht dienen, denn auch das benutzte ich leider für meine Schwächen. Meine schmerzlichste Reue ist es, dass ich das Göttlichste in mir vergeudet und manchmal missbraucht habe.

Gefräßigkeit und Geiz, Sinnlichkeit und Stolz, Mangel an Mut und Glauben waren die beständigsten Übel meiner armen volkstümlichen Künstlerseele.

Ich wünschte aber doch, dass Gott in seinem unendlichen Mitleid für uns Unglückliche nicht nur auf meine Sünden blicken möchte, sondern auch auf meine Leiden, die noch größer waren.

Die zu meinen Lebzeiten und nachher verbreitete einfältige Legende stellte mich als Genießer, als begünstigten Erdenbürger, als vom Glück verwöhnten Liebling dar. Das ist eine Verleumdung, eine grausame Verleumdung, das aus Dummheit und Neid geborene Gegenteil der Wahrheit. Ich glaube, es gab zu meiner Zeit keinen Menschen, der vom Schicksal mehr verfolgt gewesen wäre oder, wenn du willst, von den gerechten Strafen, die Genie und Sünde mit sich bringen.

Die ersten zwanzig Jahre meines Lebens bestanden aus abgebrochenen Studien und demütigendem Umherirren im Elend. Es folgten etwa zwanzig Jahre glücklichen Schaffens; sie waren aber auch Jahre härtester Sklaverei, unmenschlicher Plackerei, Jahre der Vergeudung und Verschwendung der Phantasie, des Verzehrs von Herz und Sinnen, Jahre verdienter Niederlagen und hundertfach erkämpfter, bitterer und teuer bezahlter Triumphe. Diese zwanzig Jahre Zwangsarbeit im Wechsel mit geglückten Ergebnissen und beschä-

abborracciature, mi lasciarono vuoto, esausto, consumato, guasto nel corpo e nello spirito, più ricco di avversari che di rendite, più carico di rimorsi che di allori.

Seguirono dieci anni di tortura atroce, dieci anni d'una spaventosa malattia ch'era malattia dell'animo più che dei nervi. La vena s'era inaridita, e per un artista della mia qualità, affidato ai favori dell'estro più che alle pazienze del sapere, la fine dell'ispirazione voleva dire principio della disperazione. Furono anni di miseria e d'angoscia, quasi di pazzia, e tali che mi fecero pagare a mille doppi le apparenti venture del tempo innanzi, le conquiste delle donne e delle platee. Ebbi il castigo più scellerato che possa castigare un musicista: io che alla musica dovevo tutto, giunsi a odiare la musica né potevo sopportare di ascoltarla e perfino di sentirne parlare. Dopo l'insopportabile purgatorio della mia gioventù fu questo il mio vero inferno (...) e pensa quale fallimento, quale strazio, quale terrore fu il mio.

Quando fu spenta in me perfino la nostalgia dell'estro, cioè quando fu ben morto quel che in me veramente viveva, parvi guarito. Ma sopravvennero altri mali, effetto d'una giovinezza sfrenata e d'una vecchiezza precoce, di quei mali affliggenti e mortificanti, che paiono ingegnose raffinatezze del demonio per anticipare i tormenti del suo inferno.

Gli ultimi anni li consumò una dolorosa decadenza senile, tra divani pettegoli e mense succolente. I peccati originali, avarizia e gola, diventarono coll'età, più spadroneggianti e repugnanti.

Colui che aveva saputo trascrivere e trasmet-

mender Stümperei ließen mich leer, erschöpft, ausgelaugt und an Leib und Seele verdorben zurück, reicher an Feinden als an Erträgen, mehr mit Schuld beladen als mit Lorbeer bedeckt.

Dann folgten zehn Jahre schrecklicher Qual, zehn Jahre mit einer furchtbaren Krankheit, die eher eine Krankheit der Seele als der Nerven war. Die schöpferische Ader war vertrocknet, was für einen Künstler meiner Art, der sich mehr der Gunst der Eingebung als der Beständigkeit des Wissens anvertraut, das Ende der Inspiration und den Anfang der Verzweiflung bedeutete. Es waren Jahre des Elends und der Angst, ja des Wahnsinns, in denen ich für die scheinhaften Abenteuer der Zeit davor, die Eroberung von Frauen und Theatersälen, tausendfach bezahlen musste. Ich erlebte die abscheulichste Züchtigung, mit der ein Musiker bestraft werden kann: Ich, der ich der Musik alles verdankte, kam so weit, dass ich die Musik hasste und es nicht ertrug, sie anzuhören, ja nicht einmal von ihr sprechen zu hören. Nach dem unerträglichen Fegefeuer meiner Jugend war dies für mich die wahre Hölle (...) bedenke, was für ein Versagen, was für eine Qual, was für ein Entsetzen mich plagten.

Als in mir sogar die Sehnsucht nach einem schöpferischen Einfall erloschen, das heißt, als alles wirklich Lebendige in mir erstorben war, schien ich geheilt. Aber es überkamen mich andere Leiden, sie waren die Folge einer zügellosen Jugend und vorzeitigen Alterns; jene quälenden und beschämenden Krankheiten, die ausgeklügelte Erfindungen des Teufels zu sein scheinen, um die Qualen seiner Hölle vorwegzunehmen.

Die letzten Jahre waren ein schmerzlicher Altersverfall zwischen geschwätzigen Diwans und leckeren Tafeln, und meine Erbsünden Geiz und Völlerei wurden mit dem Alter beherrschender und widerwärtiger.

Derselbe, der es vermocht hatte, einige der göttlichsten

tere alcuni dei canti più divini che Dio abbia dettato a un mortale, spese ormai i resti del suo ingegno in motti di spirito ch'erano, troppo spesso, trastulli di parole o lazzi d'un cinico retrivo. La morte fu preceduta dal supplizio inutile inflitto dai chirurghi e fu il doloroso finale d'una dolorosa vita. (...)

Scarso compenso ebbi nell'amore. Mi dipinsero, un tempo, cacciatore di facili grazie femminine, di facile contentatura. In verità ebbi avventure galanti piuttosto che amori veri. Mi sposai due volte, prima con una spagnola violenta e fastosa, poi con una francese buona amministratrice di sé e del suo. Tutt'e due mi furono prima concubine che mogli; tutt'e due vennero a me dopo esser passate da più mani e da più avventure; tutt'e due, in diverso stile, vanitose e fastidiose. Non ebbi figli e, forse, nessuno che mi fosse davvero amico. E a me popolano di nascita e di tempra la protezione e condiscendenza dei re e dei principi fu tedio affaticante più che lusinga per la vanità.

Questa la vita del beato, del fortunato, dell'avventurato Rossini, il beniamino delle belle, l'idolo delle moltitudini, l'ornamento delle corti, gloria del continente e del secolo.

Colpevole, certo, e in più modi peccatore ma più ancora tormentato e perseguitato da infiniti affanni. Un essere mi amò, un solo essere amai: mia madre. Ero tutto suo; quando essa morì cominciò ad agonizzare anche la potenza del mio ingegno. Anche ora son certo che la sua tenace tenerezza strapperà al Signore il mio perdono.

Gesänge, die Gott jemals einem Sterblichen diktiert hatte, aufzuschreiben und mitzuteilen, verschwendete jetzt den Rest seines Verstandes mit witzigen Bemerkungen, die allzu oft nur Wortspielereien oder die Schwänke eines altmodischen Zynikers waren. Eine von den Chirurgen unnötigerweise auferlegte Tortur ging dem Tod voraus; es war das schmerzliche Finale eines schmerzenreichen Lebens. (...)

In der Liebe hatte ich wenig Entschädigung. Einst beschrieb man mich als Jäger leicht erreichbarer Frauengunst, als einen, der leicht zufriedenzustellen war. In Wirklichkeit hatte ich eher galante Abenteuer als wahre Liebesbeziehungen. Ich war zweimal verheiratet. Das erste Mal mit einer stürmischen, pompösen Spanierin, dann mit einer sich und das Ihre gut verwaltenden Französin. Beide waren für mich als erstes Konkubinen und dann erst Ehefrauen; beide kamen zu mir, nachdem sie durch mehrere Hände und Abenteuer gegangen waren; beide waren, auf verschiedene Weise, eitel und lästig. Ich hatte keine Kinder. Vielleicht auch keinen wirklichen Freund. Und für mich, der ich von einfacher Geburt und Natur war, waren Gunst und Wohlwollen von Königen und Fürsten eher ermüdend als der Eitelkeit schmeichelnd.

Das ist das Leben des seligen, glücklichen Abenteurers Rossini, des Lieblings der schönen Frauen, des Idols der Menge, der Zierde der Höfe, des Ruhms des Kontinents und des Jahrhunderts.

Gewiss schuldig und in mehrfacher Weise ein Sünder, doch noch mehr gequält und verfolgt von unendlichem Schmerz. Ein Wesen liebte mich, ein einziges Wesen liebte ich: meine Mutter. Ihr gehörte ich ganz und gar. Als sie starb, begann auch für die Kraft meiner Begabung der Todeskampf. Auch jetzt bin ich gewiss, dass ihre beständige zarte Liebe dem Herrn meine Vergebung entreißen wird.

Olimpio Sargiani

ANGELO

Fosti prete ma prete indegno. Coi fatti della tua vita bestiale distruggesti quel po' di bene che avrebbero potuto fare le grandi parole di vita che, pur straccamente, pronunciavi all'altare. Dio attende la tua ultima confessione.

OLIMPIO SARGIANI

Dinanzi al Dio che ho tradito non potrò fare altro che piangere. A te narrerò tutto il vero della mia vita sciupata e sciagurata.

Ero figliolo di un sensale di piccolo borgo, e il padre violento e tirchio voleva che studiassi ma senza ch'egli dovesse spendere. Mi mandarono al seminario più vicino. Non avevo nessun amore né disposizione per le cose dello spirito e tutto, letterature e filosofie e preghiere, mi dava noia. Mi sentivo portato, invece, alla vita senza libri, attiva o vagabonda che fosse, ma libera, sana, naturale. Sarei andato volentieri di paese in paese, come faceva mio padre, alle fiere, ai mercati, a comprar bestie, a occhieggiar donne, a bere in compagnia, ad ascoltar nelle piazze i ciarlatani. Sarei riuscito un buon cavallaio o padrone di locanda e forse mercante; avrei preso moglie, avrei avuto affari e figlioli e la mia vita sarebbe stata più netta, più in regola colla mia natura. Ma tutti, in famiglia, volevano il prete, e minacciavano e promettevano e carezzavano in cento modi. Il Vescovo era uomo scaltro, mi prese colle buone, mi sedusse, tanto

Olimpio Sargiani, Pfarrer, wohl nicht namentlich historisch.

ENGEL

Du warst ein Priester, aber ein unwürdiger Priester. Mit den Taten deines fürchterlichen Lebens hast du das bisschen Gute zerstört, das die großen Worte des Lebens hätten bewirken können, die du, wenn auch lustlos, am Altar gesprochen hast. Gott erwartet deine letzte Beichte.

OLIMPIO SARGIANI

Vor dem Gott, den ich betrogen habe, kann ich nur weinen. Dir werde ich die ganze Wahrheit über mein vergeudetes und unglückseliges Leben erzählen.

Ich war der Sohn eines Händlers in einem kleinen Ort, und mein gewalttätiger und geiziger Vater wollte, dass ich studiere, aber ohne dass es ihn etwas koste. Sie schickten mich in das nächstgelegene Priesterseminar. Ich hatte keinerlei Liebe oder Neigung für die Dinge des Geistes und alles – Literatur, Philosophie und Gebet – langweilte mich. Ich fühlte mich vielmehr zu einem Leben ohne Bücher hingezogen, wie tätig oder herumstreifend auch immer, aber frei, gesund und natürlich. Ich wäre gern von Dorf zu Dorf gegangen wie mein Vater, auf Jahrmärkte und Märkte, um Vieh zu kaufen, mit den Frauen zu liebäugeln, in Gesellschaft zu trinken, den Scharlatanen auf den Plätzen zuzuhören. Ich wäre ein guter Pferdehändler, Wirt oder vielleicht Kaufmann geworden; ich hätte eine Frau genommen, Geschäfte und Kinder gehabt, und mein Leben wäre klarer, mehr in Einklang mit meiner Natur gewesen. Aber in der Familie wollten alle den Priester, und sie drohten, versprachen und schmeichelten mir auf hundertfache Weise. Der Bischof war ein schlauer Mann; er behandelte mich freund-

che credetti, alla fine, di aver la vocazione. A ventisei anni fui ordinato prete e mi mandarono in una parrocchia lontana, remota, fuor di mano, in cima a un monte, tra gente zotica, dura e povera. Cercai di acconciarmi a quella vita desolata, a quel gramo e diaccio deserto. Ma nulla mi soccorreva, né la preghiera che mi tediava né lo studio che aborrivo. Ero nel bollore della gioventù, di sangue forte e caldo. Le montanare di quei paesi avevano occhi arditi, carnato moro, membra tonde e salde, e poca paura dell'inferno. Peccai con una di loro, una bionda robusta che cantava come un rosignolo in amore e mi assaliva e mi scoteva come una furia. Ebbi da lei un figlio, fui scoperto, svergognato, messo fuor della parrocchia, condannato a un ritiro spirituale più triste, per me, d'una prigione.

Dopo un anno di pianti, che non eran tutti di rimorso, mi credettero ravveduto e mi mandarono a un'altra parrocchia, ancora più alpestre e spersa. Le donne, dopo quel che m'era accaduto, le tenevo lontane come se fossero tizzi roventi. Ma non sapevo come arrivare alla notte; ero solo, malinconico, abbandonato, senza amici, senza famiglia, senza risorse di nessuna sorta, disperato. Non avevo nessuna inclinazione al mio ministero; facevo alla meglio il mio dovere ma senza calore né letizia e tutti se ne accorgevano. Il mio rancore mi portava a detestare gli uomini e specialmente quei villani sudici e ingrati, animalacci pagani che neppure un santo sarebbe riuscito a trasformare in cristiani. E cristiano vero non ero neanche io, ma un impiegato per forza all'amministrazione dei sacramenti. Non avevo la stoffa dell'apostolo ma tutt'al più del bottegaio o del cozzone. Ma-

lich und redete mir gut zu, so dass ich am Ende glaubte, ein Berufener zu sein. Mit sechsundzwanzig wurde ich zum Priester geweiht, und man schickte mich in eine ferne, abgelegene Pfarrei hoch oben auf einem Berg, unter rauhe, harte und arme Menschen. Ich versuchte mich mit diesem einsamen Leben, mit dieser trostlosen eisigen Wüste abzufinden. Aber nichts kam mir zu Hilfe, weder das Gebet, das mir lästig war, noch das Studium, das ich verabscheute. Stark und heiß war mein Blut im Feuer der Jugend. Die Frauen in diesen Bergdörfern hatten kühne Augen, gebräunte Haut, runde und feste Glieder und wenig Angst vor der Hölle. Mit einer von ihnen sündigte ich; sie war eine kräftige Blonde, die wie eine verliebte Nachtigall sang und mich wie eine Furie überfiel und schüttelte. Ich hatte von ihr ein Kind, wurde entdeckt, beschämt, aus der Pfarrei entfernt und zu Exerzitien verurteilt, was für mich schlimmer war als Kerkerhaft.

Nach einem Jahr der Tränen, die nicht alle aus Reue vergossen wurden, glaubten sie mich geläutert und schickten mich in eine andere, noch weiter oben gelegene, noch einsamere Pfarrei. Nach allem, was mir widerfahren war, hielt ich mir die Frauen vom Leib wie glühende Scheite. Aber ich wusste nicht, wie ich die Stunden bis zur Nacht verbringen sollte; ich war allein, traurig, verlassen ohne Freunde, ohne Familie, ohne jegliche Hilfe, verzweifelt. Ich hatte keinerlei Neigung zu meinem Amt, kam mehr schlecht als recht meiner Pflicht nach, ohne Begeisterung und Freude, und alle merkten das. Mein Groll brachte mich dazu, die Menschen zu verabscheuen, insbesondere die schmutzigen und undankbaren Bauern, diese gottlosen, hässlichen Tiere, die nicht einmal ein Heiliger hätte zu Christen machen können. Und ich war auch kein wahrer Christ, sondern ein zur Verwaltung der Sakramente gezwungener Angestellter. Ich hatte nicht das Zeug zum Apostel, sondern höchstens zum Ladenbesitzer oder Pferdemittler. Ich verfluchte die Familie, die mich

ledicevo la famiglia che mi aveva condannato a quella vita sbagliata e scioperata e sciagurata che per me era una tortura. Eppure non avevo il coraggio di lasciarla, sia perché ormai ero avvezzo a quella comodità, a quei guadagni, e non avrei saputo in quale altro modo campar la vita; sia per timore dello scandalo e della dannazione. Perché a Dio credevo ma non ero nato per rappresentarlo e per servirlo.

Quale strada, qual rimedio avrei potuto trovare? I miei confratelli eran distanti e anche vicini a poco mi avrebbero giovato perché eran quasi tutti nelle mie condizioni medesime. Non avevo alcuna passione di leggere e d'imparare, la caccia non mi piaceva, la natura mi veniva subito a noia. Passavo qualche ora a coltivare i fiori o battere i tasti dell'armonio ma dopo? Le giornate paiono eterne a chi ha l'anima disabitata e l'irrequietezza addosso.

Cominciai a bere, e non soltanto in casa. Ogni settimana andavo al paese più vicino, colla scusa del mercato, e tornavo ubriaco. Ci andavo spesso, anche tra settimana per cercar qualcuno che mi aiutasse a passare un'ora e li trovavo nell'osteria. Non vedevo l'ora, la mattina, di, aver detto messa per poter fuggire all'ingiù. Se c'era un malato o un moribondo che dovevo assistere bestemmiavo tra me, imprecando alla morte che veniva troppo adagio. Le nozze e i funerali sopportavo a malincuore e soltanto per quel po' di guadagno in più, che spendevo poi alla locanda.

Io stesso capivo quant'era ignobile e infame quella mia vita. Il popolo, che mi vedeva quasi ogni giorno ubriaco, mi disprezzava e molti non venivano neppure in chiesa per dimostrarmi il loro

zu diesem verfehlten, beschäftigungslosen und unglücklichen Leben, das für mich eine Qual war, verurteilt hatte. Ich hatte aber nicht den Mut, es aufzugeben, sei es, weil ich inzwischen an die Bequemlichkeit und den Verdienst gewöhnt war und nicht wusste, auf welche andere Art und Weise ich mich hätte durchs Leben schlagen können, sei es aus Furcht vor dem Skandal und der Verdammnis. Denn ich glaubte an Gott; ich war nur nicht dazu geboren, ihn zu vertreten und ihm zu dienen.

Welchen Weg, welches Mittel hätte ich finden können? Meine Amtskollegen waren weit weg, und selbst in der Nähe hätten sie mir wenig genützt, da sie fast alle in der gleichen Lage waren. Ich hatte keinerlei Lust zu lesen und zu lernen, die Jagd gefiel mir nicht, die Natur wurde mir sofort langweilig. Ich verbrachte ein paar Stunden mit der Blumenpflege oder damit, auf den Tasten des Harmoniums herumzuspielen, aber dann? Die Tage scheinen ewig zu sein für den, der eine unbewohnte Seele und Rastlosigkeit in sich hat.

Ich begann zu trinken, und zwar nicht nur zu Hause. Jede Woche begab ich mich unter dem Vorwand, auf den Markt zu müssen, in das nächste Dorf und kehrte betrunken zurück. Ich ging oft dorthin, auch während der Woche, um jemanden zu suchen, der mir half, eine Stunde zu vertreiben, und ich fand ihn in der Schenke. Morgens konnte ich es kaum abwarten, bis ich die Messe gelesen hatte, um hinunterfliehen zu können. Wenn ich einem Kranken oder Sterbenden beistehen musste, fluchte ich insgeheim, verwünschte den allzu langsam eintretenden Tod. Hochzeiten und Begräbnisse ertrug ich schweren Herzens und nur für das bisschen mehr Geld, das ich alsbald in der Schenke ausgab.

Ich begriff selber, wie verwerflich und schändlich mein Leben war. Die Leute, die mich fast jeden Tag betrunken sahen, verachteten mich, und um mir ihren Abscheu zu zeigen, kamen viele nicht einmal mehr in die Kirche. Jede meiner

disgusto. Ogni mia ammonizione suscitava il riso in quelli che conoscevano il mio passato e il mio presente. Ma dimmi tu quel che avrei dovuto fare? Un prete che non ha vocazione, che non ha amore per gli uomini, per la preghiera, per gli studi, per l'arte, che non ha compagni, né amici, né discepoli, né figli, che vive solo, in montagna, lontano da tutti, che non ha nulla o nessuno che possa riempire la sua tremenda solitudine, un uomo strappato alla sua vera destinazione, un prete deluso e chiuso, che mai poteva fare, come poteva salvarsi? Ci sarebbe voluto un interno miracolo o l'intervento della Grazia. Ma l'anima mia era cieca e sterile e Dio non scese mai a tirarmi su dalla mia mota.

Una sera d'inverno, tornando a casa ubriaco, tardi, al buio, caddi sulla neve ghiacciata e rotolai giù in un fosso. Il giorno dopo mi trovaron morto e risero, perché da tempo tutti mi avevano profetata e augurata una simil fine.

Questa è tutta la verità della mia vita. Dio giudicherà se in me il colpevole fu maggiore o minore della vittima.

Ermahnungen löste Gelächter bei denen aus, die meine Vergangenheit und Gegenwart kannten. Sag du mir, was ich hätte tun sollen? Ein Priester, der keine Berufung hat, keine Liebe zu den Menschen, zum Gebet, zum Studium, zur Kunst, der keine Gefährten hat, keine Freunde, keine Schüler, keine Kinder, der allein in den Bergen lebt, fern von allen, der niemanden und nichts hat, was seine entsetzliche Einsamkeit ausfüllen könnte, ein seiner wahren Bestimmung entrissener Mensch, ein enttäuschter und verschlossener Priester, was hätte er denn tun können, wie hätte er sich retten können? Es hätte eines inneren Wunders bedurft oder des Eingreifens der Gnade. Doch meine Seele war blind und unfruchtbar, und Gott kam nie herab, um mich herauszuziehen aus meinem Sumpf.

An einem Winterabend kam ich betrunken nach Hause, es war spät und dunkel. Ich stürzte auf dem gefrorenen Schnee und rollte hinunter in einen Graben. Am Tag danach fanden sie mich tot und lachten, weil sie mir längst ein solches Ende vorhergesagt und gewünscht hatten.

Das ist die ganze Wahrheit meines Lebens. Gott wird urteilen, ob ich mehr ein Schuldiger bin oder mehr ein Opfer.

La Morozova

ANGELO

Non sapesti essere al mondo che madre ed eri madre d'un solo figlio, d'un figlio fin troppo amato, che ti riamava. Che hai dunque da piangere? Qual rimorso può turbare il tuo cuore?

LA MOROZOVA

Il rimorso della maledizione che fu per il mio figliolo il mio affetto.

La guerra portò via il mio sposo non appena fu nata quella mia creatura. In quel miracolo respirante, unico ricordo e frutto dell'unico amore, io posi tutte le mie consolazioni, tutte le mie speranze, la ragion d'essere della mia vita solitaria.

Non volli altro marito, non volli tornare nella mia famiglia. Non ero innamorata che di mio figlio. Era opera mia, del mio sangue e del mio soffrire, credetti di aver su di lui ogni diritto, lo sentii mia proprietà contro tutti.

Crebbe nel caldo del mio amore geloso, e anche quando fu grande io lo strinsi sempre a me come un bambino, come un bambino docile e sottomesso, tutto mio, soltanto mio.

Non potevo vivere senza di lui; sognai di poter essere tutto per lui. Quando giunse alla giovinezza avrei voluto tenere, nel suo cuore, il posto di tutti gli altri esseri che avrebbe potuto amare; esser per lui la sorella e l'amico, l'amante e la moglie. Non vi fu vero peccato sensuale nel mio amore ma certo anche una inconfessata sensuali-

La Morozova, Mutter, wohl nicht namentlich historisch.

ENGEL
Du konntest auf der Welt nichts anderes sein als Mutter, und du warst Mutter eines einzigen Sohnes, eines allzusehr geliebten Sohnes, der dich wiederliebte. Warum weinst du also? Welche Schuldgefühle können dein Herz bewegen?

DIE MOROZOVA
Schuldgefühle wegen des Fluchs, den meine Liebe für meinen Sohn bedeutet hat.

Der Krieg raffte meinen Mann kurz nach der Geburt dieses meines Geschöpfs hinweg. Dieses atmende Wunder, einzige Erinnerung und Frucht meiner einzigen Liebe, war all mein Trost und all meine Hoffnung, der Lebensinhalt meines einsamen Lebens.

Ich wollte keinen anderen Ehemann, wollte nicht zu meiner Familie zurückkehren. Ich war nur in meinen Sohn verliebt. Er war mein Werk, mein Blut und mein Leiden. Ich glaubte jegliches Recht über ihn zu haben und sah ihn gegenüber dem Rest der Welt als mein Eigentum an.

Er wuchs in der Wärme meiner eifersüchtigen Liebe auf, und auch als er groß war, drückte ich ihn immer noch an mich wie ein Kind, wie ein fügsames und unterwürfiges Kind, das ganz und gar nur mir gehörte.

Ich konnte nicht ohne ihn leben. Ich träumte davon, alles für ihn sein zu können. Als er die Jünglingsjahre erreichte, wollte ich am liebsten in seinem Herzen den Platz all derer einnehmen, die er hätte lieben können; ich wollte für ihn Schwester, Freund, Geliebte und Ehefrau sein. In meiner Liebe gab es keine echte sinnliche Sünde, aber gewiss eine uneingestandene Sinnlichkeit, die mit

tà, che si soddisfaceva nelle naturali espansioni materne.

Era bello, il mio figliolo. Mi sembrava il più bello degli uomini, un Dio. Non potevo sopportare che nessuno lo avvicinasse, lo toccasse, che nessuno cercasse di rendersi a lui necessario, di penetrare nel suo cuore. Ero pronta a difendere la creatura di mia proprietà con tutti i mezzi, colle unghie e i denti come una tigre e magari col delitto.

Mio figlio era debole e tenero. Divenne senza fatica la mia vittima. Isolato e recluso dal mio amore che sapeva mettere al servizio della gelosia tutte le scaltrezze e le fatagioni, egli non poté o non seppe resistere. Anch'egli mi amava e vedeva in me ogni perfezione, ogni gioia. Si riscaldava al mio fuoco, s'illuminava nel mio sorriso. Per non torturarmi rinunziava a quasi tutti i piaceri della sua età. Accettò per amor mio la vita dell'eremita, quasi del prigioniero.

Nonostante tutto fu tentato dall'amore, da una giovinetta che sarebbe stata degna di lui. Ma il pensiero di vederlo con altra donna mi rendeva frenetica ed egli non ebbe il coraggio di lasciarmi e represse i più naturali istinti dei giovani per non farmi soffrire.

La morte mi costrinse ad abbandonarlo, quasi all'improvviso, e allora soltanto si scoprì fino a che punto il mio amore era stato funesto all'essere che più avevo amato al mondo. Era vissuto sempre con me e per me; non aveva alcuna esperienza delle cose e degli uomini; la sua natura che aveva dovuto reprimere tutti gli altri affetti, si era guastata e mutilata, s'era contorta e impoverita sì da renderlo incapace di vivere tra gli altri e con gli altri. Tutto

natürlichen mütterlichen Gefühlsäußerungen befriedigt wurde.

Mein Sohn war schön. Er schien mir der schönste von allen Menschen, schien mir ein Gott zu sein. Ich konnte es nicht ertragen, wenn sich ihm jemand näherte, ihn anfasste, wenn jemand versuchte, für ihn unersetzlich zu werden, in sein Herz einzudringen. Ich war bereit, das Geschöpf, das mir gehörte, mit allen Mitteln zu verteidigen, mit Klauen und Zähnen wie ein Tiger, vielleicht sogar mit einem Verbrechen.

Mein Sohn war schwach und zart. Mühelos wurde er zu meinem Opfer. Isoliert und gefangen von meiner Liebe, die ihre ganze List und ihren ganzen Zauber in den Dienst der Eifersucht zu legen wusste, war er einfach gar nicht in der Lage zu widerstehen. Auch er liebte mich und sah in mir alle Vollkommenheit, alle Freude. Er erwärmte sich an meinem Feuer, erstrahlte in meinem Lächeln. Um mich nicht zu quälen, verzichtete er auf fast alle Freuden seiner Altersstufe. Er fand sich mir zuliebe mit dem Leben eines Eremiten ab, fast dem eines Gefangenen.

Trotz alledem geriet er durch die Liebe eines jungen Mädchens, die seiner würdig gewesen wäre, in Versuchung. Doch der Gedanke, ihn mit einer anderen Frau zu sehen, machte mich rasend, und er hatte nicht den Mut, mich zu verlassen und unterdrückte die natürlichsten Instinkte der Jugend, um mich nicht leiden zu lassen.

Der Tod zwang mich, ihn zu verlassen, fast unerwartet, und erst dann entdeckte man, wie weit meine Liebe verhängnisvoll für dieses von mir auf der Welt am meisten geliebte Wesen war. Er hatte immer mit mir und für mich gelebt; er hatte keine Erfahrung mit Dingen und Menschen; seine Natur, die alle anderen Gefühle der Zuneigung hatte unterdrücken müssen, war geschädigt und verstümmelt, sie war derart entstellt und verkümmert, dass er unfähig war, unter und mit anderen Menschen zu leben. Alles flößte ihm Miss-

gli ispirava diffidenza e paura; la sua timidezza moltiplicava i pericoli, la sua inesperienza lo faceva riluttante e misantropo. La sua anima era ormai troppo alterata perché potesse amare un'altra donna, e non era più giovane ma pur sempre impacciato e ignaro più di un bambino.

Fu ingannato, perdette quel poco di danaro che gli dava sicurezza e libertà, si ammalò e sentì più crudelmente la mia assenza. Una notte si sentì più abbandonato e disperato che mai, senza luce dinanzi agli occhi, e dinanzi a un mio ritratto si uccise.

Questo fu l'ultimo e più terribile effetto del mio amore egoista e forsennato. L'avevo voluto tutto mio e lo consegnai disarmato alla terribile vita. Avevo sperato di salvarlo e per colpa mia fu sospinto alla morte. Io, io sola, fui la vera assassina di mio figlio. Per aver troppo amato la mia gioia tolsi a lui felicità e vita, a lui, fiore del mio sangue, frutto del mio ventre, anima della mia anima.

Questo il mio rimorso, questo il mio pianto. Potrà, il Padre, perdonare alla figlicida?

trauen und Angst ein; seine Schüchternheit vervielfältigte die Gefahren, seine Unerfahrenheit machte ihn widerwillig und menschenfeindlich. Seine Seele war inzwischen zu sehr verändert, als dass er eine andere Frau hätte lieben können. Er war zwar nicht mehr jung, aber immer noch unbeholfener und ahnungsloser als ein Kind.

Man betrog ihn, und er verlor das bisschen Geld, das ihm Sicherheit und Freiheit gegeben hatte; er wurde krank und vermisste mich noch schmerzlicher. Eines Nachts fühlte er sich verlassener und verzweifelter denn je. Ohne Lichtblick und vor meinem Bild nahm er sich das Leben.

Das war die letzte und schrecklichste Folge meiner eigensüchtigen besessenen Liebe. Ich wollte ihn ganz für mich haben und übergab ihn wehrlos dem grausamen Leben. Ich hatte gehofft, ihn zu bewahren, doch durch meine Schuld wurde er in den Tod getrieben. Ich, ich allein war die wahre Mörderin meines Sohnes. Weil ich meine ganze Freude zu sehr liebte, nahm ich ihm Glück und Leben, ihm, der Blüte meines Blutes, der Frucht meines Leibes, der Seele meiner Seele.

Das ist meine Reue, das ist meine Klage. Wird Gottvater der Kindsmörderin verzeihen?

Ein Verzeichnis aller Bände der Reihe dtv zweisprachig wird auf Wunsch vom Verlag zugesandt.

Deutscher Taschenbuch Verlag
Friedrichstraße 1a, 80801 München